学诗可以情飞扬、志高昂、人灵秀。

——引自 2013 年 3 月 7 日习近平在中央党校建校 80 周年大会上的讲话

古诗词分级阅读丛书

中华最美古诗词360首

（九级）

学术顾问：周笃文

书名题字：陈洪武

主　　编：刘锦文　康守永

副 主 编：王汉文　王艳芬　乔　维　满在莉

本册编委：（以姓氏笔画为序）

马生莉　王国洪　王　宾　司惠霞　庄　岩　刘习枝　刘伟斯
刘　娇　师　文　江　敏　安瑞瑞　纪艳飞　李宏发　李　琴
吴浩丽　吴　祺　余　青　张　驰　张　斌　张　路　陈艳鹏
苗　淼　范晓华　林新杰　周艳峰　房卫华　赵　明　赵　莉
赵燕燕　思小燕　贾永峰　殷　飞　高　莹　郭丙华　黄世新
曹　洁　谢彩霞　满在莉　霍永香

艺术总监：李有来　许龙江　吴川淮

插画提供：《中国书画》杂志社

平台支持：全国中小学教师继续教育网

西安出版社

图书在版编目（CIP）数据

中华最美古诗词360首．九级／刘锦文、康守永主编．—西安：西安出版社，2018.12（2023.4重印）
ISBN 978-7-5541-3223-4

Ⅰ．①中… Ⅱ．①刘… ②康… Ⅲ．①古典诗歌—中国—初中—教学参考资料 Ⅳ．①G634.303

中国版本图书馆CIP数据核字（2018）第158368号

中华最美古诗词360首（九级）

主　　编：刘锦文　康守永
出版发行：西安出版社
社　　址：西安市雁塔区雁南五路1868号曲江影视大厦11层
电　　话：（029）85253740
邮政编码：710061
网　　址：www.xacbs.com
印　　刷：天津图文方嘉印刷有限公司
开　　本：787mm×1092 mm　1/20
印　　张：10.5
字　　数：209千
版　　次：2018年12月第1版
2023年4月第2次印刷
书　　号：ISBN 978-7-5541-3223-4
定　　价：39.80元

序

中国诗歌发轫于上古，波澜相接，汇为浩浩之诗海，气势磅礴，穿越万古时空依旧光辉不减，其历史之久远，底蕴之深厚，数量之巨大，品质之超然，震撼之强烈，流传之广阔，影响之深远，在世界文明史上都是举世无双的。

俨然一角灵犀影，焕出诗家万丈虹。在这个国度里，无数诗词巨星，用自己充满高情大爱与奇思的旷世名篇，将汉语言文字特有的声情意象之美发挥到了出神入化的地步，声律优美，意境如画，使人见字生感，闻声动情，从帝王将相到渔父耕夫，无不喜闻乐诵、目醉心迷，诗词成了人们文化生活的首选乃至潜意识存在，在塑造民族性格、凝铸民族精神方面发挥着神工伟力，诗化的中华民族因此历劫不衰，保持着盎然勃发的生命力。古诗词所蕴含的美育力量渗透进了中华文化的各个方面，使其当之无愧地成为中华文化的灵魂、民族的血脉、精神的家园。

诗主性灵，重高节。就个人成长而言，诗词是陶冶性灵、涵养气质、提升审美品位不可替代的载体，对促进智力的发展、创新才能的焕发、自由精神的培育、贤德君子形象的塑造具有极为重要的价值。

以诗词之美弘扬国学、教化人生是每一个文化和教育工作者的义务和使命。正如近平同志在北师大教师节座谈会上说的，“应该把这些经典嵌在学生脑子里，成为中华民族文化的基因”，希望全社会积极承担起激活传统的历史责任，推陈出新，利用各种载体，将传统中华诗歌文化传承下去，让中华诗词在传承中焕发出内生的动力和新的光彩。

周笃文

2018 年 9 月 8 日于北京

周笃文：字晓川，1934 年生，湖南汨罗人，国务院表彰的特殊贡献专家，著名诗词家和宋词研究专家，中华诗词学会和中国韵文学会的创始人之一，历任中国韵文学会常务理事、中华诗词学会副会长兼秘书长、中华诗词编著中心总编辑，原中国新闻学院教授，中外文化研究所所长。已发表诗词近千首，出版各类诗词专集、选集、研究赏析著作十余种，主要著作有《全宋词评注》十卷、《宋词》《宋百家词选》《金元明清词》《华夏之歌》《经典宋词百家解说》《珍藏本宋词》《影珠书屋吟稿》《婉约词典评》《豪放词典评》《中外文化辞典》等，在古典诗词学界享有盛誉。

目　　录

引　言

走进缤纷律动的夏日荷塘，听鸟儿欢叫、蛙声悠扬；拾级黄叶漫染的金秋山冈，听泉水流淌、情歌回响；登上月辉静沐的西楼画舫，听钟磬和鸣、宫商绕梁……这些，都是中华古诗词里的寻常意象。

泛黄的史册里，从王侯将相到黎民百姓，无论贵贱，或雅或风，你来我往，游弋在诗词的海洋，抚琴摇橹，浅吟低唱；从文人雅士到野夫游侠，不分老少，或兴或比，前呼后拥，徜徉在花园曲榭，举杯邀月，高歌豪放……

让我们洗耳恭听——听孔丘弦歌，屈子骚伤……

悠远的古道上，一代汉将剑指云天，驰骋边关，倾情演绎着烈士洒血的铿锵；萧瑟的西风中，几个宋臣骑着瘦马，来去回还，奋力弹奏着战马嘶鸣的悲怆；拍岸的惊涛里，风流人物驾着小船，驱风逐雾，镇定挥洒着强虏烟灭的雄壮；凌空的高阁下，绝代诗圣舒展衣袖，轻提缓按，自如书写着鬼神惊泣的华章。

蓦然回首，有位佳人，在水中央，巧笑倩兮，美目盼兮，令人心驰神往。

让我们走进中华最美古诗词，看郑姬进殿、汉娥离宫，邂逅花妒神赞、鱼沉燕落之天香；看唐妃起舞、宋娘登楼，温暖别易聚难、怀歇肠断之悲凉。

“江山代有才人出，各领风骚数百年”，从汉魏风骨到盛唐气象，斗转星移，诗家辈出，诗品日新，诗潮迭起，诗风浩荡。

王朝虽更迭，诗魂却永驻。诗词流淌在中国人的血液里，成了中华民族不朽的文化基因。让我们再上高楼，以饱满的人文底蕴，拥抱明日的辉煌。

【清】渐江《雨余柳色图轴》

酬[1]乐天[2]扬州初逢席上见赠[3]

[唐] 刘禹锡

扫一扫，听朗读

巴山楚水[4]凄凉地，二十三年[5]弃置身[6]。
怀旧[7]空吟闻笛赋[8]，到乡翻似烂柯人[9]。
沉舟[10]侧畔千帆过，病树前头万木春。
今日听君歌一曲，暂凭杯酒长精神[11]。

注释

①酬：答谢，酬答，这里是指以诗相答的意思。用诗歌赠答。

②乐天：指白居易，字乐天。

③见赠：送给（我）。

④巴山楚水：泛指作者贬谪之地四川、湖南、湖北一带。古时四川东部属于巴国，湖南北部和湖北等地属于楚国。刘禹锡被贬后，迁徙于朗州、连州、夔州、和州等边远地区，这里用“巴山楚水”泛指这些地方。

⑤二十三年：从唐顺宗永贞元年（805 年）刘禹锡被贬为连州刺史，至宝历二年（826 年）冬应召，也就是到写此诗时约 22 年。因被贬之地离京遥远，实际上到第二年才能回到京城，所以说 23 年。

⑥弃置身：指遭受贬谪的诗人自己。意指在政治上被弃不用的人。置：放置。

⑦怀旧：怀念故友。

⑧闻笛赋：指西晋向秀的《思旧赋》。三国曹魏末年，向秀的朋友嵇康、吕安因不满司马氏篡权而被杀害。后来，向秀经过嵇康、吕安的旧居，听到邻人吹笛，不禁悲从中来，于是作《思旧赋》。刘禹锡借用这个典故怀念已死去的王叔文、柳宗元等人。

⑨烂柯人：指晋人王质。相传晋人王质上山砍柴，看见两个童子下棋，就停下观看。等棋局终了，手中的斧柄已经朽烂。回到村里，才知道已过了一百年。同代人都已经亡故。作者以此典故表达自己遭贬 23 年的感慨。刘禹锡也借这个故事表达世事沧桑、人事全非、暮年返乡恍如隔世的心情。柯：斧柄。

⑩沉舟：这是诗人以沉舟、病树自比。

⑪长（zhǎng）精神：振作精神。长，增长，振作。

古诗今读

在巴山楚水这些凄凉的地方，度过了二十三年沦落的光阴。

怀念故友徒然吟诵闻笛小赋，久谪归来感到已非旧时光景。

沉船的旁边正有千艘船驶过，病树的前头却也是万木争春。

今天听了你为我吟诵的诗篇，暂且借这一杯美酒振奋精神。

赏析要点

这首诗感情浓郁，但前后基调不同，前四句心情沉痛悲哀，后四句态度乐观高昂，前后形成鲜明的对比。诗的首联不直言悲苦，却从空间和时间这两个方面来倾诉自己的遭遇，以伤感低沉的情调，回顾了诗人的贬谪生活。

“巴山楚水”写出空间的偏远，意在说明自己的贬谪生活是多么凄凉。“二十三年”写出时间的长久，意在说明自己遭受的不公待遇是多么漫长。此二句表面上是愁苦之言，字里行间却都透露着不平之意。

颔联，借“闻笛赋”的典故表达对故友的怀念，借“烂柯人”的典故表达自己多年后返京的隔世之感，而且用“空”和“翻”两个含有否定意味的字，使颔联顺承了首联的不平之气。

颈联“沉舟侧畔千帆过，病树前头万木春”是千古名句。由于诗人未明确指出句中几个意象究竟比喻什么，所以针对这两句诗的意义，向来存在争论。有人认为“沉舟”和“病树”比喻久遭贬谪的诗人自己，而“千帆”和“万木”则比喻在他贬谪之后那些仕途得意的新贵们，这一联是刘禹锡感叹身世的愤激之语。但我认为，“千帆”和“万木”比喻的是与自己志同道合的友人。在仕途上，自己虽已是沉没的小船、久病的树木，但自己的理想并没有破灭，它仍然承载于身旁驶过的“千帆”之上，繁盛于前头茂密的“万木”之中。沉舟之畔，千帆竞发；病树前头，万木萌春。这两句诗是情绪在压抑之后的飞扬，二十余年的谪居生活，并没有让他消沉颓伤，那是因为他亲历了人世荣辱、目睹他人宦海沉浮后已宠辱不惊，贬谪之后的诗人虽有愁怨，但仍充满希望。他劝慰白居易不必为他的寂寞、蹉跎而忧伤，对世事的变迁和仕宦的升沉，表现出豁达的襟怀。“沉舟”二句描写形象生动，深刻地反映了事物的变化发展规律，至今仍常常被人引用，并赋予它以新的意义，说明新事物必将取代旧事物。

尾联收束感慨，扣住诗题，在感谢白居易赠诗的同时，表达出诗人积极向上、开朗乐观的人生态度——即使遭遇再多的不幸，只要有理想，有希望，一首诗、一杯酒，都足以让人振奋精神，永不言败。全诗起伏跌宕，沉郁中见豪放，是酬赠诗之上品。

作者掠影

刘禹锡（772～842），唐代文学家、哲学家，字梦得，洛阳人，自称“家本荥上，籍占洛阳”，又自言系出中山。其祖先为中山靖王刘胜。有“诗豪”之称。

贞元九年刘禹锡中进士，又登博学宏词科；贞元十一年吏部取士科，官授太子校书；贞元十六年，为徐州掌书记；两年后调任京兆渭南主簿；贞元十九年，擢升为监察御史。贞元末，与柳宗元、陈谏、韩晔等结交于王叔文，形成了一个以王叔文为首的政治集团。后历任朗州司马、连州刺史、夔州刺史、和州刺史、主客郎中、礼部郎中、苏州刺史等职。开成三年，刘禹锡改任太子宾客，分司东都，一年后加检校礼部尚书，世称刘宾客。唐武宗会昌二年（842 年）七月卒，终年 71 岁，赠户部尚书。

刘禹锡精于文，善于诗。他与柳宗元交谊很深，人称“刘柳”，与韦应物、白居易合称“三杰”，他又与白居易唱和甚多，并称“刘白”。刘禹锡的诗歌雄浑爽朗，语言干净明快，节奏比较和谐响亮。尤以律诗和绝句见长。有《刘梦得文集》40 卷，现存 30 卷。另有外集 10 卷，为北宋时辑录，收有遗诗407首，杂文22篇。有《陋室铭》《竹枝词》《杨柳枝词》《乌衣巷》等名篇。哲学著作《天论》三篇，论述天的物质性，分析“天命论”产生的根源，具有唯物主义思想。

延伸阅读

陋室铭的故事

刘禹锡在任监察御史期间，曾经参加了王叔文的“永贞革新”，反对宦官和藩镇割据势力。革新失败后，被贬至安徽和州县当一名小小的通判。按规定，通判应在县衙里住三间三厢的房子。可和州知县看人下菜，见刘禹锡是从上面贬下来的软柿子，就故意刁难。先安排他在城南面江而居，刘禹锡不但无怨言，反而很高兴，还随意写下两句话，贴在门上：“面对大江观白帆，身在和州思争辩。”和州知县知道后很生气，吩咐衙里差役把刘禹锡的住处从县城南门迁到县城北门，面积由原来的三间减少到一间半。新居位于德胜河边，附近垂柳依依，环境也还可心，刘禹锡仍不计较，并见景生情，又在门上写了两句话：“垂柳青青江水边，人在历阳心在京。”

那位知县见其仍然悠闲自乐，满不在乎，又再次派人把他调到县城中部，而且只给一间只能容下一床、一桌、一椅的小屋。半年时间，知县强迫刘禹锡搬了三次家，面积一次比一次小，最后仅是斗室。想想这位势利眼的狗官，实在欺人太甚，遂愤然提笔写下超凡脱俗、情趣高雅的《陋室铭》。

刘禹锡写完，就去请来一个石匠，把文章刻在石板上，耸立在房门前。气得知县一筹莫展，哑口无言。

转眼千年已过，知县早已化作黄土，而刘禹锡的《陋室铭》却代代相传，流芳百世，成为一篇脍炙人口的不朽之作。

考试链接

1. 下列对这首诗的理解和分析，不正确的一项是（　　）

A. 从诗的题目看，这首诗是白居易在扬州的酒宴上酬答刘禹锡的作品。

B. 这首诗的首联，叙写作者被贬到荒凉之地二十三年来的人生经历。

C. 这首诗的颔联，运用两个典故分别表达作者对亡友的怀念和回乡后恍如隔世的感慨。

D. 这首诗的颈联，对仗工整，蕴含哲理，成为脍炙人口的千古名句。

2. “怀旧空吟闻笛赋，到乡翻似烂柯人”中的两个典故，分别用来表现诗人怎样的思想感情？

编注者：赵　莉

【参考答案】

1. A　二人在扬州初逢时，白居易在宴席上作诗赠与刘禹锡，刘禹锡写此诗作答。
2. 对世事沧桑、亲朋凋零的伤感，含蓄地表达了内心的不平。暗示贬谪时间太久，此番回来恍如隔世，觉得人事全非，不再是旧时光景。

［宋］ 赵佶 《花鸟图》

无　题

[宋] 李商隐

扫一扫，听朗读

相见时难别亦难，东风[1]无力百花残[2]。
春蚕到死丝[3]方尽，蜡炬[4]成灰泪始干[5]。
晓镜[6]但愁云鬓[7]改，夜吟应觉月光寒[8]。
蓬山[9]此去无多路，青鸟[10]殷勤[11]为探看[12]。

注释

①东风：春风。

②残：凋零。

③丝：与“思”谐音，以“丝”喻“思”，含相思之意。

④蜡炬：蜡烛。

⑤泪始干：泪，指燃烧时的蜡烛油，这里取双关义，指相思的眼泪。

⑥晓镜：早晨梳妆照镜子。镜，用作动词，照镜子的意思。

⑦云鬓：女子多而美的头发，这里比喻青春年华。

⑧月光寒：指夜渐深。

⑨蓬山：蓬莱山，传说中海上仙山，指仙境。

⑩青鸟：神话中为西王母传递音讯的信使。

⑪殷勤：情谊恳切深厚。

⑫探看（kān）：探望。

古诗今读

聚首多么不易，离别更是难舍难分；暮春作别，恰似东风力尽百花凋残。

春蚕至死，它才把所有的丝儿吐尽；红烛自焚殆尽，满腔热泪方才凋干。

清晨对镜晓妆，唯恐如云双鬓改色；夜阑对月自吟，该会觉得太过凄惨。

蓬莱仙境距离这里，没有多少路程；殷勤的青鸟信使，多劳您为我探看。

赏析要点

“相见时难别亦难”：表达了恋人之间依依不舍之情。

“东风无力百花残”：借景抒情，用景物描写烘托人物分别时的悲伤心情。

“春蚕到死丝方尽，蜡炬成灰泪始干”：运用比喻和谐音展示了恋人之间生死相许的真情，体现了对爱情的忠贞不渝。现多用来赞颂人的奉献精神。

“晓镜但愁云鬓改，夜吟应觉月光寒”：一“晓”一“夜”，写尽了朝思暮想的思念之情，并使因受相思之苦而坐卧不安的恋人形象跃然纸上。

“蓬山此去无多路，青鸟殷勤为探看”：托青鸟捎去对心上人的相思之情，呼应开头。

这是一首表示两情至死不渝的爱情诗。然而历来颇多认为或许有人事关系上的隐托。起句两个“难”字，点出了聚首不易，别离更难之情，感情绵邈，语言多姿，落笔非凡。颔联以春蚕蜡炬作比，十分精彩，既缠绵沉痛，又坚贞不渝。接着颈联写晓妆对镜，抚鬓自伤，是自计；良夜苦吟，月光披寒，是计人。相劝自我珍重，善加护惜，却又苦情蜜意，体贴入微，可谓千回百转，神情燕婉。至尾联则写出希望信使频传佳音，意致婉曲，柳暗花明，真是终境逢生，别有洞天。“春蚕到死丝方尽，蜡炬成灰泪始干”两句，千秋佳绝。

作者掠影

李商隐（约 813～约 858），唐代著名诗人。字义山，号玉谿生，又号樊南生。怀州河内（今河南沁阳人）。擅长诗歌写作，骈文文学价值也很高，他是晚唐最出色的诗人之一，和杜牧合称“小李杜”，又与温庭筠齐名，世称“温李”。为朦胧诗鼻。因诗文与同时期的段成式、温庭筠风格相近，且三人都在家族里排行第十六，故并称为“三十六体”。其诗构思新奇，风格秾丽，尤其是一些爱情诗和无题诗写得缠绵悱恻，优美动人，广为传诵。但部分诗歌过于隐晦迷离，难于索解，至有“诗家总爱西昆好，独恨无人作郑笺”之说。因处于牛李党争的夹缝之中，一生不得志。死后葬于家乡沁阳（今沁阳与博爱县交界之处）。作品收录为《李义山诗集》。

延伸阅读

在唐时，人们崇尚道教，信奉道术。李商隐在十五六岁的时候，即被家人送往玉阳山学道。其间与玉阳山灵都观女氏宋华阳相识相恋，但两人的感情却不能为外人明知，而作者的心内又奔涌着无法抑制的爱情狂澜，因此他只能以诗记情，并隐其题，从而使诗显得既朦胧婉曲，又深情无限。诗以“无题”命篇，是李商隐的创造。这类诗作并非成于一时一地，多数描写爱情，其内容或因不便明言，或因难用一个恰当的题目表现，所以命为“无题”。其中有的可能别有寄寓，也可能有恋爱本事以为依托，虽有不少学者对此进行考索，但是在没有确凿的证据以证明确有寄托或确依何事之前，主要应该以诗歌形象所构成的意境为依据，把它们作为一般爱情诗对待，但这并不妨碍它们所展示的艺术价值。

在晚唐诗坛上，李商隐是一位大家，当时与杜牧齐名。不过，若就对后世的影响而言，他超越了杜牧。李商隐在诗歌史上的一个重要贡献，是创造性地丰富了诗的抒情艺术。他的诗歌创作，常以清词丽句构造优美的形象，寄情深微，意蕴幽隐，富有朦胧婉曲之美。最能表现这种风格特色的作品，是他的七言律绝，其中又以《无题》诸作（多为七言近体）堪称典型。本首诗是他《无题》诗中最著名的一首。

考试链接

1. 为什么说相见时难别亦难，两个“难”连用有何深刻含义？

2. 选出对李商隐《无题》赏读有误的一项是（　　）

A. 相见时难别也难，东风无力百花残：以抒情开篇，再用景物作烘托，显得摇曳多姿。这一联好就好在先以见难加重别难的分量，后以花比喻美好年华之将逝，极力渲染了黯然销魂者唯别而已的悲凉气氛。

B. 春蚕到死丝方尽，蜡炬成灰泪始干：诗人借春蚕的执着精神，寄托了对情人的思念之情。而今人多用这两句来表达人们那种无私奉献的精神。因而古今之间并无内在的联系，故此种引用属于断章取义。

C. 晓镜但愁云鬓改，夜吟应觉月光寒：诗人以高超的技巧为我们展示了两幅生动画面，把一对真挚相爱的情人分别后的痛苦情状表现得何等真切，读后可使人为他们落下同情之泪。

D. 蓬山此去无多路，青鸟殷勤为探看：这是男主人公对女主人公的寄语，也是男主人公的自慰之词。全联的大意是：双方住地相距不远，今后虽难相见，但总可以互通音问。

3. 尝试着用一句话概括这首诗的主题。

编注者：马生莉

【参考答案】

1. 乐聚恨别，人之常情。一对忠贞不二的情侣，久久分隔天涯，一朝得以相见，这是多么动人的场面啊！真可谓：相见时难。然而好景不长，马上又要天各一方。这分别之际不是比相见更令人愁肠寸断吗？所以说别亦难。两个难字表面似同，义实有别，而其艺术效果却着重加强了“别难”的沉重力量。
2. B
3. 这是一首伤感离别的爱情诗，表现诗人与相爱的人分别时难舍难分，分别后心中充满不尽的相思之情。

[清]　王云　《休园图卷》(之二)

扫一扫，听朗读

西江月[1]

[宋] 辛弃疾

明月别枝惊鹊[2]，清风半夜鸣蝉[3]。稻花香里说丰年，听取蛙声一片。

七八个星天外，两三点雨山前。旧时茅店[4]社林[5]边，路转溪桥忽见[6]。

注释

①西江月：词牌名。

②别枝惊鹊：惊动喜鹊飞离树枝。

③鸣蝉：蝉叫声。

④茅店：茅草盖的乡村客店。

⑤社林：土地庙附近的树林。社，土地神庙。古时，村有社树，为祀神处，故曰社林。

⑥见：同“现”，显现，出现。

古词今读

明月初升，山林顿时变得明亮起来，惊离了在枝上栖息的山鹊和蝉；清风吹拂，把它们的叫声送到夜行人的耳中；田野间弥漫着稻花的香气，水中的青蛙不断地鸣叫；一路上都可以听到出来纳凉的人们在谈论着今年的丰收。

乌云骤起，月光消失，天边只剩下几颗暗淡的星，田野变得昏暗了；当词人走到山前时，雨点飘落下来，他知道骤雨将至，想要找个地方避雨。说来也巧，当他急急忙忙转过溪头时，一眼就看到了他过去曾经见过的那家茅店，依然在社林旁边。

赏析要点

这首词是作者闲居上饶带湖时期的名作。它通过自己夜行黄沙道中的具体感受，描绘出农村夏夜的幽美景色，形象生动逼真，感受亲切细腻，笔触轻快活泼，使人有身历其境的真实感，这首词反映了辛词风格的多样性。

上片写晴，用的是“明月”“清风”这样惯熟的词语，但是，当它们与“别枝惊鹊”和“半夜鸣蝉”结合在一起之后，便构成了一个声色兼备、动静咸宜的深幽意境。“月”和“惊鹊”，“风”和“鸣蝉”并非事物的简单罗列，而是有着内在的联系和因果关系的。三、四两句承上，作者抓住夏夜农村最具有特点的事物，进一步加以生发。因为夜里的能见度是有限的，所以作者的感受主要不是靠眼睛来摄取，有时还要靠嗅觉和听觉这些器官来加以捕捉。“稻花香里说丰年，听取蛙声一片”，就是从嗅觉和听觉这两方面来加以描写的。这是词中的主脑，是笼罩全篇的欢快和喜悦心情产生的根源之所在。上片虽然写的是夜晴，但却已经埋伏着雨意了。有丰富农村生活经验的人，似乎可以从“稻花香”里，从“蛙声一片”之中嗅到和听到骤雨将临的信息。

下片笔锋一转，进入写雨。但写的不是雨中，而是雨前。首句写远望之所见：“七八个星天外”，说明乌云四起，透过云隙可以看到稀疏的星光。这境界，与上片的气氛已有很大的不同了。第二句；“两三点雨山前”，写的是骤雨初来，大雨将至的信息。既然雨滴已经洒向山前，那么紧接着便会洒向山后的。作者的心情转而有些惶急了，于是很自然地引起想快些赶路或寻地避雨的心情。第三、四句写的就是这一心理活动：“旧时茅店社林边，路转溪桥忽见。”因为作者平时经常往来于黄沙道中，知道树林旁边有一茅草小店，但此时因为是在夜里，再加上心慌，却忽然不见了。可是，过了小溪上的石桥，再拐个弯儿，那座旧时相识的茅店便突然出现在眼前，这该叫人多么高兴啊！

作者掠影

辛弃疾（1140～1207），南宋豪放派词人、将领，有“词中之龙”之称。原字坦夫，后改字幼安，号稼轩，山东济南府历城县（今济南市历城区遥墙镇四风闸村）人。与苏轼合称“苏辛”，与李清照并称“济南二安”。

辛弃疾生于金国，少年抗金归宋，曾任江西安抚使、福建安抚使等职。著有《美芹十论》《九议》，条陈战守之策。由于与当政的主和派政见不合，后被弹劾落职，退隐山居。开禧北伐前后，相继被起用为绍兴知府、镇江知府、枢密都承旨等职。开禧三年（1207 年），辛弃疾病逝，年六十八。后赠少师，谥号“忠敏”。

辛弃疾一生以恢复为志，以功业自诩，却命运多舛，备受排挤，壮志难酬。但他恢复中原的爱国信念始终没有动摇，而是把满腔激情和对国家兴亡、民族命运的关切、忧虑，全部寄寓于词作之中。其词艺术风格多样，以豪放为主，风格沉雄豪迈又不乏细腻柔媚之处。其词题材广阔又善化用典故入词，抒写力图恢复国家统一的爱国热情，倾诉壮志难酬的悲愤，对当时执政者的屈辱求和颇多谴责；也有不少吟咏祖国河山的作品。现存词六百多首，有词集《稼轩长短句》等传世。

延伸阅读

辛弃疾的故事

辛弃疾出生的时候，家乡已经沦陷在金朝统治者的手里。祖父辛赞虽然在金朝占领区里做过几年地方官，但是心里却一直向着宋朝。辛赞常常给小孙子讲北宋灭亡的惨痛历史，带着辛弃疾登上高山，眺望祖国的大好河山，给辛弃疾留下很深的印象。

辛弃疾长大后，因为文才出众，被金朝的济南官府推荐到燕京去参加进士考试。临走的时候，辛赞叮嘱他在到燕京去的路上，注意沿路的地理形势和金朝内部的政治情况。辛弃疾到了燕京，没有考取进士，但是对祖父叮嘱的事情倒很留心观察。过了三年，他又到燕京去参加考试，对金朝内部的情况了解得更清楚了。

辛赞没有能盼到南宋恢复中原就死了，辛弃疾决心继承祖父的遗志。到了第二年，完颜亮发动南侵，二十二岁的辛弃疾看机会到来，就组织了一支两千多人的起义队伍，投奔耿京。

在耿京的起义队伍里，像辛弃疾那样有文才的人是少有的。耿京见他前来投奔，十分欢迎，派他负责起义军的文书工作，掌管起义军的大印。

辛弃疾告诉耿京，在济南附近有一支起义军，首领是他熟悉的一个和尚，名叫义端，懂得兵法。耿京听了很高兴，就派辛弃疾去跟义端联络。不多几天，义端就带着队伍参加了耿京的起义军。

义端到了起义军后，凭着老相识的关系，跟辛弃疾很接近，辛弃疾对义端也没有怀疑。哪知义端不怀好意，一天晚上，趁辛弃疾不防备，偷走了他保管的起义军大印，逃奔金军。

耿京认为辛弃疾引进了奸细，大为发火，马上要把辛弃疾处死。

辛弃疾恳切地说："义端偷印逃跑，我当然应当负责。请您给我三天时间，让我把义端抓回来。如果到了限期我不能把他抓到，愿意接受重刑。"

辛弃疾得到耿京同意，就快马加鞭向金营追去，赶了一段路，果然追上了义端。辛弃疾抓住义端，那叛徒吓得哆哆嗦嗦，跪在地上求饶。辛弃疾按捺不住心头怒火，当场砍了义端的头，把它拴在马背上，回到耿京营里。

耿京不但不办辛弃疾的罪，反而对他更加器重。

考试链接

1. 从全词看，是生机勃勃的农村风光和令人喜悦的______________，唤起了词人辛弃疾的愉快心境。

2. 词的上下片各描写了怎样的场景？

3. "明月别枝惊鹊"为精妙的写景名句，请体会其妙处。

4. 全词描写了江南农村______（时令和时间）的景色，抒发了词人_______的心情。

编注者：高　莹

【参考答案】

1. 丰收景象
2. 上片写夏夜所见之景，及对丰收的憧憬。下片写了途中遇雨，峰回路转的情形。
3. 月亮落下，离别了树梢，惊动了树上的鸟鹊。描写细腻，以动写静，突出了山林的幽静。
4. 夏夜　闲适（淡泊、喜悦、欣喜、怡然自得）

[清] 刘濂《仿古山水十二屏》

过零丁洋

［宋］文天祥

辛苦遭逢起一经，干戈①寥落②四周星③。
山河破碎风飘絮④，身世浮沉雨打萍⑤。
惶恐滩⑥头说惶恐，零丁⑦洋里叹零丁。
人生自古谁无死？留取丹心⑧照汗青⑨。

扫一扫，听朗读

注释

①干戈：指抗元战争。

②寥（liáo）落：荒凉冷落。

③四周星：四周年。文天祥从1275年起兵抗元，到1278年被俘，一共四年。

④絮：柳絮。

⑤萍：浮萍。

⑥惶恐滩：在今江西省万安县，是赣江中的险滩。1277年，文天祥在江西被元军打败，所率军队死伤惨重，妻子儿女也被元军俘虏。他经惶恐滩撤到福建。

⑦零丁：孤苦无依的样子。

⑧丹心：红心，比喻忠心。

⑨汗青：同汗竹，史册。古代用简写字，先用火烤干其中的水分，干后易写而且不受虫蛀，也称汗青。

古诗今读

回想我早年由科举入仕历尽辛苦，如今战火消歇已熬过了四个年头。

国家危在旦夕恰如狂风中的柳絮，个人又哪堪言说似骤雨里的浮萍。

惶恐滩的惨败让我至今依然惶恐，零丁洋身陷元虏可叹我孤苦零丁。

人生自古以来有谁能够长生不死？我要留一片爱国的丹心映照史册。

赏析要点

南宋末年，文天祥在潮州与元军作战，被俘，途经零丁洋时，元军逼迫他招降坚守崖山的宋军，他写下了这首诗。诗人以诗明志，表现出视死如归的高风亮节和大义凛然的英雄气概。

首联“辛苦遭逢起一经，干戈寥落四周星”，诗人回顾自己的仕途和征战的经历：因科举而蒙朝廷重用，在荒凉冷落的战争环境中已经度过了四个春秋。“干戈寥落”在此亦指宋元间的战事已经接近尾声，南宋几近灭亡。

颔联“山河破碎风飘絮，身世浮沉雨打萍”，破碎的山河犹如风中飘絮，动荡不安的一生就像雨打浮萍。国家的灾难、个人的坎坷浓缩在这两个比喻句中，意思是国家和个人的命运都已经难以挽回。

颈联“惶恐滩头说惶恐，零丁洋里叹零丁”，在曾经兵败的惶恐滩头，诗人也曾为自己的命运惶恐忧虑，而今途经零丁洋又怎能不感叹自己的孤苦伶仃，无力挽救国家。

尾联“人生自古谁无死，留取丹青照汗青”，自古以来，人世间谁能免于一死？只求留下一颗赤胆忠心，永远照耀在史册上。此句慷慨陈词，直抒胸中正气，表现出舍生取义、视死如归的坚定信念和昂扬斗志，因此成为千古流传的名句。

作者掠影

文天祥（1236～1283），南宋末大臣，文学家，民族英雄。字履善，又字宋瑞，自号文山，浮休道人。吉州庐陵（今江西吉安县）人，宝祐四年（1256年）进士，官至右丞相兼枢密史。被派往元军的军营中谈判，被扣留。后脱险经高邮嵇庄到泰县塘湾，由南通南归，坚持抗元。祥光元年（1278年）兵败被张弘范俘虏，在狱中坚持斗争三年多，后在柴市从容就义。著有《过零丁洋》《文山诗集》《指南录》《指南后录》《正气歌》等作品。

延伸阅读

扶危社稷的文天祥

1275年，元军大举攻宋，文天祥乃毁家纾难，舍身许国。他以全部家产充当军费，召集四方豪杰，起兵勤王。当时，高举义旗为国捐躯者可谓寥寥，但文天祥始终坚持抗元，曾只身赴元营谈判，更在战场上浴血奋战。

从1275年起兵勤王到1278年兵败被俘，文天祥在朝廷官兵几乎放弃抵抗的情况下，以独力支撑，坚持抗元斗争四年有余。因此，他在《过零丁洋》里写道：干戈寥落四周星。虽然有文天祥这样的将领坚持抗元，但终因强弱殊势，战况急转直下。南宋的江山也一寸一寸地被蚕食殆尽。南宋的皇帝也一个一个地失去了帝王的身份。

1276年，5岁的宋恭帝赵显降元，在位仅两年；1278年，9岁的端宗赵昰在逃难中惊悸病死，在位仅两年；1279年，8岁的卫王赵昺在陆秀夫的拥立下，将行朝放在了大海之中的广东压山。追兵一致，随时都有覆灭的可能。在位313天。文天祥痛心地写下：山河破碎风飘絮。国家已经像风中飘絮一样危在旦夕，个人也好不到哪儿去。在抗元斗争中，文天祥出生入死，一次被扣，两次被俘；为尽节自杀，曾经服过毒，绝过食，却偏偏死不成。为了抗元，文天祥家破人亡，老母被杀，两个儿子战死抗元沙场，妻女被囚，自己也身陷敌手。于是，他写下了“身世浮沉雨打萍”的诗句。诗人用两个形象的比喻来形容国家和个人。风中飘絮和雨中浮萍的特点在于它们都没有根基，脆弱无比，随时随地可能被风雨吞噬。事实上，国家的倾覆已经不可避免。

考试链接

1.《过零丁洋》诗中表达诗人的民族气节和舍生取义的生死观的句子是____________________，____________________。

2.这首七律诗的首联写了作者个人和国家有关的哪两件大事？

3. 结合我国历代名人志士对待生死的价值观，举例谈谈你对“人生自古谁无死，留取丹心照汗青”的理解。

编注者：张　斌

【参考答案】

1. 人生自古谁无死，留取丹心照汗青。
2. 一是在他 21 岁时因科举步入仕途；二是在国家危急存亡的关头起兵勤王抗元已度过四年。
3. 人难免一死，为拯救祖国而死，一片丹心垂于史册，映照千古，诗句表明了诗人舍生取义的决心，充分体现了他的民族气节。又如闻一多拍案而起，横眉怒对国民党的手枪，宁可倒下去，不愿屈服，表现了我们民族的英雄气概。

[清] 顾洛《骑马图》局部

[清] 顾洛《骑马图》

扫一扫，听朗读

白雪歌送武判官归京

[唐] 岑参

北风卷地白草[①]折，胡天[②]八月即飞雪。
忽如一夜春风来，千树万树梨花开。
散入珠帘湿罗幕，狐裘不暖锦衾薄。
将军角弓[③]不得控，都护铁衣冷难着。
瀚海[④]阑干[⑤]百丈冰，愁云惨淡[⑥]万里凝。
中军[⑦]置酒饮归客，胡琴琵琶与羌笛。
纷纷暮雪下辕门，风掣红旗冻不翻。
轮台东门送君去，去时雪满天山[⑧]路。
山回路转不见君，雪上空留马行处。

注释

①白草：西北的一种牧草，晒干后变白。

②胡天：指塞北的天空。胡，古代汉民族对北方各民族的通称。

③角弓：两端用兽角装饰的硬弓，一作“雕弓”。

④瀚海：沙漠。

⑤阑干：纵横交错的样子。

⑥惨淡：昏暗无光。

⑦中军：称主将或指挥部。古时分兵为中、左、右三军，中军为主帅的营帐。

⑧天山：一名祁连山，横亘新疆东西，长六千余里。

古诗今读

胡地北风席卷大地把百草吹折，八月秋高，而北地已漫天飞雪。

忽然间塞外宛如一夜春风吹来，好像是千树万树梨花团团盛开。

雪花穿帘入户消融打湿了罗幕，狐裘穿不暖锦被也只觉太单薄。

将军双手冻得居然拉不开角弓，都护的铁甲冰冷已经无法穿戴。

浩瀚的沙海冰雪满地裂纹密布，万里长空中惨淡愁云浓重稠密。

主帅在营帐中摆酒为归客饯行，且用胡琴琵琶羌笛合奏来助兴。

时已黄昏辕门前大雪落个不停，红旗被冰雪冻结风也无法刮动。

轮台东门送你到路口不舍回去，归途大雪封山路你可怎么走啊！

路转峰回你渐渐消失在雪地里，茫茫雪上只留下一行马蹄印迹。

作者掠影

岑参（715～770），唐代著名诗人。唐江陵人。太宗时功臣岑文本孙。工诗，长于七言歌行。现存者三百六十首。对边塞风光、军旅生活以及少数民族的文化风俗有亲切的感受，故其边塞诗尤多佳作。风格与高适相近，后人多并称“岑高”。

《白雪歌送武判官归京》是其代表作，写于天宝十三载。这次是岑参第二次出塞，充任安西北庭节度使封常清的判官（节度使的僚属），而武判官即其前任，诗人在轮台送他归京（唐代都城长安）而写下了此诗。

赏析要点

“忽如一夜春风来，千树万树梨花开”，意境清新诱人，读之无不叫绝。“忽如”二字用得甚妙，不仅写出了“胡天”变幻无常，大雪来得急骤，传达了诗人惊喜之情。“千树万树梨花开”的壮美意境，颇富有浪漫色彩。诗人将春景比冬景，几使人忘记奇寒而内心感到喜悦与温暖，造境堪称奇绝。要品评这咏雪之千古名句，恰有一个成语——“妙手回春”。

“瀚海阑干百丈冰，愁云惨淡万里凝”，二句以夸张笔墨，描绘出一幅气势磅礴、瑰奇壮丽的沙塞雪景，又为“武判官归京”安排了一个典型的送别环境，烘托出诗人的离愁别绪。“愁”字隐约对离别分手作了暗示，在全篇中起过渡作用。

“山回路转不见君，雪上空留马行处。”这最后的两句是极其动人的，与开篇相呼应。看着“雪上空留”的马蹄迹，他想些什么？是对行者难舍而留恋，是为其“长路关山何时尽”而发愁，还是为自己归期未卜而惆怅？结束处有悠悠不尽之情，意境与汉代古诗“步出城东门，遥望江南路。前日风雪中，故人从此去。”名句相近，用在诗的结处，效果更见佳妙，言已尽而意无穷。

延伸阅读

边塞诗概述

边塞诗是唐代诗歌的主要题材，是唐诗当中思想性最深刻，想象力最丰富，艺术性最强的一部分。以边塞军旅生活为主要内容，或描写奇异的塞外风光，或反映戍边的艰辛的诗作统称为边塞诗。

这类诗的思想内容极其丰富：可以抒发渴望建功立业、报效国家的豪情；可以状写戍边将士的乡愁、家中思妇的离恨；可以表现塞外戍边生活的单调艰辛、连年征战的残酷；可以宣泄对黩武开边的不满、对将军贪功启衅的怨情；可以惊叹描摹边地绝域的奇异风光和民风民俗。而诗中流露的也可能是矛盾的、复杂的情感：慷慨从军与久戍思乡的无奈；卫国激情与艰苦生活的冲突；献身为国与痛恨庸将无能的悲慨等。

由于国力强弱不同，在对外战争中的胜负不同，初唐、盛唐边塞诗中多昂扬奋发的格调，中唐前期尚有其余响，而中唐后期及晚唐只有对昔日盛况的追慕以及凄凉现实的哀叹。终唐之世，边塞诗始终是唐诗中思想性最深刻、想象力最丰富、艺术性最强的部分。其代表人物有王昌龄、王翰、王之涣、岑参、高适、李益等。

考试链接

1. 请说说“忽如一夜春风来，千树万树梨花开”中“忽如”二字的妙处。

2. 简要品析结句中“空”字表达了诗人怎样的情感?

编注者：吴浩丽

【参考答案】

1. “忽如”二字用得极妙，不仅写出了“胡天”变幻无常，大雪来得急骤，而且再次传神地写出了诗人惊喜好奇的神情。
2. 对友人依依惜别之情；对友人前途担忧之情；与友人离别后的惆怅之情；自己不能回归故乡的凄楚之情。

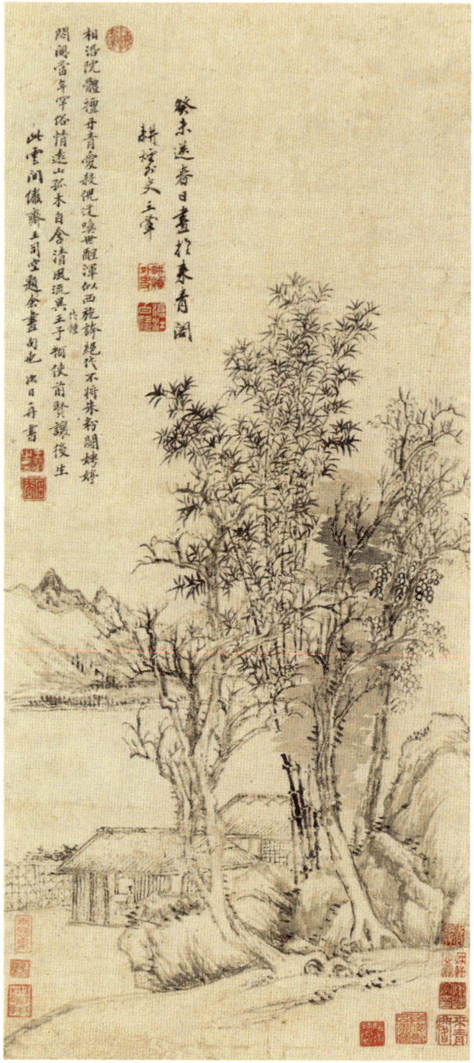

［清］王翚《修竹村居图轴》

江　村

［唐］杜甫

清江①一曲②抱③村流，长夏④江村⑤事事幽⑥。
自去自来⑦堂上燕，相亲相近⑧水中鸥。
老妻画纸为棋局⑨，稚子⑩敲针作钓钩。
但有故人供禄米⑪，微躯⑫此外更何求？

扫一扫，听朗读

注释

①清江：清澈的江水。江，指锦江，岷江的支流，在成都西郊的一段称浣花溪。
②曲：曲折。
③抱：怀拥，环绕。
④长夏：长长的夏日。
⑤江村：江畔村庄。
⑥幽：宁静，闲适。
⑦自去自来：来去自由，无拘无束。
⑧相亲相近：相互亲近。
⑨画纸为棋局：在纸上画就棋盘来下棋。
⑩稚子：年幼的儿子。
⑪禄米：古代官吏的俸给，这里指钱米。“但有”句，一说为“多病所须唯药物”。
⑫微躯：微贱的身躯，这里是作者自谦之词。

古诗今读

清澈的锦江水曲曲折折，环绕村落缓缓流过，在这长长的夏日里，村中的一切都显得清净幽雅。

仰望堂前屋梁上的燕子无拘无束、自由自在地飞来飞去，俯看水中的白鸥相亲相近的浮游，相伴相随的嬉戏。

老妻正在用纸画一张棋盘用来对弈，小儿子敲打着一枚针制作一只鱼钩用来钓鱼。

只要还有老朋友能给我一些钱米用以生活，像我这样贫贱的身躯还有什么奢求呢？

赏析要点

唐肃宗上元元年（760）夏，诗人杜甫在朋友的资助下，在四川成都郊外的浣花溪畔盖了一间草堂，在饱经战乱之苦后，生活暂时得到了安宁，与妻子儿女同聚一处，重享天伦之乐。这首诗正作于这一时期。

这首诗在一片宁静和谐的氛围里，细腻地描画了优美恬淡的意象，适意地叙写了闲适温馨的生活情趣，表现出作者杜甫由难得的一段安定生活所感到快乐自足和欣然忘怀。

首联：“清江一曲抱村流，长夏江村事事幽。”在初夏时节的村庄，一条曲曲折折的江水环绕着村子静静流淌，水色清澈，有鱼儿在水中戏耍、来去无声，整个村庄的一切都是那么幽静。一曲清江，给村落带来了安宁和清幽，这“清江”即成都的浣花溪，诗人以“清”称之，大概是喜爱它悠悠然绕村而流。“抱村流”用拟人的手法写出了它的蜿蜒可爱，同时也照应了“江村”的诗题。开头两句，就定下了全诗的氛围，挈领了全诗的旨意。万事悠悠，历经磨难的诗人暂时不再有担忧和愁烦，暂且自怡然欣赏这村中的景色。

颔联：“自去自来梁上燕，相亲相近水中鸥。”新建的草堂刚刚落成，就有顽皮的小燕子在堂前轻快地飞来飞去，没有人去惊扰它们，它们是那么的自由快乐。江上有白鸥在轻柔地浮游，它们前后不拘，时而交颈而鸣，时而互相追逐。此联写得清新自然，活泼有趣。因此，宋代蔡梦弼《草堂诗话》评价说：“其所以大过人者，无他，只是平易。虽曰似俗，其实眼前事尔。”

颈联：“老妻画纸为棋局，稚子敲针作钓钩。”家中的老伴正坐在门前的树荫下，在纸上正认真地画着一个棋盘，以备我的不时之需。“叮叮”的声音传来，小儿子在埋头认真地打磨着一根铁针，这个贪玩的孩子，他是要自己做只鱼钩儿，好去江边钓鱼玩耍。这两句捕捉到最普通的生活场景，传达出亲情的温暖宁静和生活的闲适美好，作者也陶醉其中，充满馨悦之感。

尾联：“但有故人供禄米，微躯此外更何求？”诗人从眼前和乐安宁的生活场景中发出感叹：有老朋友赠送我粮食钱米，我这平凡卑贱的身躯还有什么可奢求的呢？这两句看似庆幸、表示满足的话，仔细读来，却不知潜藏着多少悲苦和酸辛。杜甫能够居住在成都草堂，全赖友人的帮助，眼前虽有这样的和乐与安宁，却是建立在对别人的依赖之上的。被后人尊为圣人的伟大诗人，却只能靠着别人的赠予活下去，而且还偏偏要说自己“更何求”，即还能有什么别的要求，他将自我压缩到了无限小。这语气表达越是平静从容，越是让读者心生酸楚凄怆、为之落泪。诗人说得这样闲淡，仿佛他的心头已经不再有生活的阴霾，躲避开了乱世的纷扰喧嚣，殊不知马上又是“八月秋高风怒号”的季节。

诗的前两联写人与自然的和谐，自然令人赏心悦目，人在自然中感到自由、亲切、融洽。颈联写洋溢着自在欢乐、生气蓬勃的家庭生活情景，深涵着诗人对天伦之乐的欣慰和珍惜。末两句写不求仕宦的平淡自足，这是杜甫诗中难得多见的轻松愉快之作。清代黄生《杜诗说》谓之“杜律不难于老健，而难于轻松。此诗见潇洒流逸之致”。

作者掠影

杜甫（712 ~ 770），唐代伟大的现实主义诗人，字子美，自号少陵野老，又因杜甫举进士不第，曾任检校工部员外郎，故世称“杜少陵”“杜工部”等，河南府巩县（今河南省巩义市）人。宋以后被尊为“诗圣”，与李白并称“李杜”。存诗 1400 多首，有《杜工部集》。其诗大胆揭露当时社会矛盾，对穷苦人民寄予深切同情，内容深刻。许多优秀作品，是唐代重许多大事件的记录，显示了唐代由盛转衰的历史过程，因被称为“诗史”。

延伸阅读

夏日三首（其一）

[北宋] 张耒

长夏村墟风日清，檐牙燕雀已生成。
蝶衣晒粉花枝舞，蛛网添丝屋角晴。
落落疏帘邀月影，嘈嘈虚枕纳溪声。
久斑两鬓如霜雪，直欲渔樵过此生。

本诗通过夏日午夜燕雀、蝴蝶、蜘蛛等意象的描写表现了诗人对清净、安宁生活的喜爱。抒发了诗人淡泊名利、厌恶世俗，想要归隐田园的情怀。

首联、颔联诗歌描写的是燕雀、蝴蝶、蜘蛛等的动景：夏日昼长，江村风日清丽，在晴朗的天气里，屋檐上栖息着许多小燕雀，羽翼都已长成；蝴蝶停在午间的花枝上，晾晒自己腻着烟光的翅膀，蜘蛛在屋角悠然织网。这里诗人以燕雀、蝴蝶、蜘蛛等动景反衬乡村的清净。

颈联描写月光照射在疏疏落落的帘子上，斜倚枕上，听着潺潺溪水声的景象，月影、溪水动静结合从侧面烘托了夏夜的清静。

尾联直抒胸臆：久已花白的头发如今像霜雪一般白了，我现在只想做个樵夫或渔翁过完这一生，充分表达了诗人对隐居生活的满足，对乡间生活的由衷赞许。诗人喜欢这种悠闲的生活，希望到老能一直过着这种隐居生活，进而表达了诗人对繁华世界的反感，不与世间相争的高洁。

全诗静中有动，动中有静。作者选取远离官场的农村夏日景象，通过一系列的意象反映出乡村生活的生意盎然，生动情致；乡村整体的闹，恰恰表现出农村的“风日清”；而农村的“风日清”正反衬出官场的污浊难耐。“落落疏帘邀月影，嘈嘈虚枕纳溪声”表达作者的心已经与大自然融为一体了，心已静极。全诗表现出诗人对月影、溪声的喜爱之情、清闲的心境以及归隐村野、终老乡间的愿望。

考试链接

1.《江村》这首诗的诗眼是：____________。

2. 有人认为这首诗写的是失意诗人的诗意生活，洋溢着喜悦之情，也有人认为这首诗表达了失意诗人的悲苦之情，你同意哪种看法？请说明理由，亦可各抒己见。

编注者：黄世新

【参考答案】

1. 事事幽
2. 同意“洋溢着失意诗人的喜悦之情”这种说法。
   ①总体看来，首联诗人认为江村生活“事事幽”。清江抱村，夏日风清气朗，事事清净幽雅，这是诗人喜悦感受的开始。
   ②颔联所写之景幽静明媚。梁燕自去，白鸥相亲，清新自然，活泼有趣，以景衬情，渲染喜悦与轻松。
   ③颈联所道之事幽雅安闲。老妻画棋，稚子垂钓，温暖宁静，闲适美好，洋溢着诗人难得的欢愉喜悦。

【明】唐寅《长松泉石图立幅》

扫一扫，听朗读

左迁至蓝关示侄孙湘

[唐] 韩愈

一封[①]朝奏九重天[②]，夕贬潮阳路八千[③]。
欲为圣明[④]除弊事[⑤]，肯将衰朽惜残年！
云横秦岭[⑥]家何在？雪拥蓝关[⑦]马不前。
知汝[⑧]远来应有意，好收吾骨瘴江边[⑨]。

注释

①一封：指一封奏章，即《论佛骨表》。
②九重（chóng）天：古称天有九层，第九层最高，此指朝廷、皇帝。
③路八千：泛指路途遥远。八千，不是确数。
④圣明：指皇帝。
⑤弊事：政治上的弊端，指迎佛骨事。
⑥秦岭：在蓝田县内东南。
⑦蓝关：蓝田关，今在陕西省蓝田县东南。
⑧汝（rǔ）：你，指韩湘。
⑨瘴（zhàng）江边：指贬所潮州。

古诗今读

一篇谏书早晨上奏给皇帝，晚上就被贬官到路途遥远的潮阳去。

想替皇上除去有害的事，哪能因衰老就吝惜残余的生命。

云彩横出于南山，我的家在哪里？在白雪厚积的蓝田关外，马也停住脚步。

知道你远道而来定会有所打算，正好在瘴江边收殓我的尸骨。

赏析要点

韩愈一生，以辟佛为己任，晚年上《论佛骨表》，极力反对宪宗“迎佛骨入大内”，触犯“人主之怒”，几被定为死罪，经裴度等人说情，才由刑部侍郎贬为潮州刺史。

潮州在今广东东部，距当时京师长安确有八千里之遥，那路途的困顿是可想而知的。当韩愈到达离京师不远的蓝田县时，他的侄孙韩湘，赶来同行。韩愈此时，悲歌当哭，慷慨激昂地写下这首名篇。

首联直写自己获罪被贬的原因。他很有气概地说，这个“罪”是自己主动招来的。就因那“一封书”之罪，所得的命运是“朝奏”而“夕贬”。且一贬就是八千里。但是既本着“佛如有灵，能作祸祟；凡有殃咎，宜加臣身”（《论佛骨表》）的精神，则虽遭获严谴亦无怨悔。

颔联直书“除弊事”，认为自己是正确的，申述了自己忠而获罪和非罪远谪的愤慨，真有胆气。尽管招来一场弥天大祸，他还是“肯将衰朽惜残年”，且老而弥坚，刚直不阿。

颈联就景抒情，情悲且壮。韩愈在一首哭女之作中写道：“以罪贬潮州刺史，乘驿赴任；其后家亦谴逐，小女道死，殡之层峰驿旁山下。”可知他当日仓促先行，告别妻儿时的心情。韩愈为上表付出了惨痛的代价，“家何在”三字中，有他的血泪。此两句一回顾，一前瞻。云横而不见家，亦不见长安：“总为浮云能蔽日，长安不见使人愁”（李白诗），何况天子更在“九重”之上，岂能体恤下情？他此时不独系念家人，更多的是伤怀国事。他立马蓝关，大雪寒天，联想到前路的艰危。“马不前”三字，露出英雄失路之悲。

尾联沉痛而稳重。《左传·僖公三十二年》记老臣蹇叔哭师时有：“必死是间，余收尔骨焉”之语，韩愈用其意，向侄孙从容交代后事，语意紧扣前诗，进一步吐露了凄楚难言的激愤之情。

作者掠影

韩愈（768～824），唐代伟大散文学家、诗人。字退之，河南河阳（今孟州市）人，“唐宋八大家”之首。少孤由嫂子郑氏扶养成人，25岁进士及第，后任监察御史。贞元十九年（803年），京畿大旱，民不聊生，上书御史台论天旱人饥状，请免百姓徭役赋税，得罪德宗，被贬为阳山令。元和初，名为国子博士。元和十二年（817 年），从裴度平淮西吴元济，因功擢为刑部侍郎。后二年，又因谏宪宗迎佛骨，贬谪潮州刺史。穆宗即位后，再度召回京师，任国子监祭酒，转兵部侍郎，后改吏部侍郎，再转京兆伊兼御史大夫。后因与御史中丞李坤不合，复为兵部侍郎、吏部侍郎。长庆四年（824 年）十二月卒，时年 57 岁，谥号文，世称韩文公，穆宗为之辍朝。韩愈在文学上，倡导“古文运动”，提倡散文，反对骈文，后人称他为古文运动的领袖，居“唐宋八大家”之首；在哲学上，极力维护中央集权，反对藩镇割据；在教育上卓有成绩。他的伟大成就和贡献，千百年来对我国文学发展产生着深远的影响。

延伸阅读

韩愈和柳宗元

韩愈和柳宗元都是唐代人，“唐宋八大家”中韩愈排第一，柳宗元排第二，世称“韩柳”。在文学上，韩愈和柳宗元都是古文运动倡导者。柳宗元和韩愈倡导文章应该“以我笔写我心”，文章最终目的是要表达出自己的观点。

柳宗元和韩愈倡导先秦时代的文章，反对词藻华丽的骈体文。和词藻、形式相比，内容更为重要。文章只有表达出主旨，才能凸显出文章的价值。柳宗元和韩愈身体力行，针对时事写出了很多脍炙人口的佳作。《捕蛇者说》是柳宗元的叙事散文，他倾听了捕蛇者的悲惨命运，借捕蛇者之口向统治者传达百姓的困苦生活。在政治上，俩人有相左的政见。韩愈和柳宗元都是唐朝官员，在唐顺宗年间，王叔文和柳宗元有相同的政见，得到了王叔文的提拔。随后，以柳宗元和王叔文为代表的改革派说服了唐顺宗，在朝廷推行了“永贞新政”，改革持续 180 多天以失败而告终。韩愈因为不赞同王叔文等人的改革意见，在朝廷之中，一直未得到重用。

在生活中，柳宗元和韩愈是一对好朋友。俩人在文学上持有相同的观点，经常会在一起谈论诗词歌赋和文学题材。柳宗元被贬谪到永州，俩人经常有书信往来，或为劝告，或为安慰。不久之后，韩愈也遭到了贬官，俩人在政治仕途上怀才不遇，相同的经历让柳宗元和韩愈有了更多的话题，从而使俩人在生活上成为一对惺惺相惜的朋友。

考试链接

1. 这首诗中以景来寓前途坎坷难料的句子：____________。这两句诗与李白《行路难》里的“__________”有异曲同工之妙。

2. “欲为圣明除弊事，肯将衰朽惜残年”表达了诗人怎样的精神？

3. 赏析“云横秦岭家何在？雪拥蓝关马不前”中“横”“拥”两字的表达效果。

4. 细致体会“云横秦岭家何在，雪拥蓝关马不前”两句诗，分析诗人是怎样融情于景，抒发途中感受的？

编注者：陈艳鹏

【参考答案】

1. 云横秦岭家何在，雪拥蓝关马不前；欲渡黄河冰塞川，将登太行雪满山。
2. 表达了诗人在年老又遭贬的逆境中，仍念念不忘为国家效力，无怨无悔、甘愿奉献的精神。
3. “横”“拥”两字分别从广度与高度两个层面形象生动的描绘了自己贬谪途中大雪阻路、马难前行的艰苦情景，同时委婉含蓄的表达了自己深感前途渺茫的愁思。
4. 这两句诗借景抒情。云横秦岭、雪拥蓝关，语意双关，明写天气寒冷，暗写政治气候恶劣。景物描写中显露出英雄失路之悲。

[明] 陈洪绶 《南山高隐图》

归园田居（其三）

［魏晋］陶渊明

扫一扫，听朗读

种豆南山[1]下，草盛豆苗稀。
晨兴理荒秽[2]，带月荷锄[3]归。
道狭[4]草木长[5]，夕露[6]沾我衣。
衣沾不足[7]惜，但[8]使愿[9]无违[10]。

注释

①南山：指庐山，(位于江西九江市)。
②荒秽：形容词作名词，荒芜，指豆苗里的杂草。
③荷锄：扛着锄头。荷，扛着。
④狭：狭窄。
⑤草木长：草木丛生。
⑥夕露：傍晚的露水。
⑦足：值得。
⑧但：只。
⑨愿：指向往田园生活，“不为五斗米折腰”，不愿与世俗同流合污的意愿。
⑩违：违背。

古诗今读

南山下有（我）种的豆地，杂草丛生然而豆苗却稀少。

早晨起来到地里清除杂草，傍晚月色下（我）扛着锄头回家。

道路狭窄杂草长得很高很长，夕阳的照耀下落在草上的露水打湿了我的衣服。

衣服被沾湿了并没有什么值得可惜的，只要不违背（我）归耕田园的意愿就行了。

赏析要点

这首诗生动地描写了诗人归隐后的生活和感受，抒发了作者辞官归隐后的愉快心情和乡居乐趣，从而表现了他对田园生活的热爱，表现出劳动者的喜悦。同时又隐含了对官场黑暗腐败生活的厌恶之感。表现了作者不愿同流合污，为保持完整的人格和高尚的情操而甘受田间生活的艰辛。作者陶渊明写的田居生活其实是自己理想的故居。

“种豆南山下，草盛豆苗稀”：起句很平实，就像一个老农站在那里说话，让人觉得很亲切。引用西汉杨恽“田比南山，芜秽不治”，总体交代躬耕种豆之事。作者虽志在田园，但初归时的劳动效果不大理想，庄稼长得不好，豆苗还没有草多。“野草”“盛”，“豆苗稀”对比之中，点出锄草的必要。其一是因土地荒芜贫瘠，杂草丛生，地广人稀，难以根除；其二也说明他不善于劳动，一个封建士大夫，刚离官职的县太爷，既没有耕作经验，又没有耕作能力，种不好庄稼，也在情理中。“草盛豆苗稀”一方面表现了诗人陶渊明厌恶官场生活，不愿与世俗同流合污，“草盛”“豆苗稀”寓意官场中阿姨奉承者多，而正直的官员太少；另一方面也表现了陶渊明隐居田园闲适、朴素的生活，于自然平淡中表现醇美的生活意境。他对“草盛豆苗稀”的状况是不甚满意的，这符合他一贯“任真自得”的性格。萧统说他为人率直，不矫饰言辞，曾与人饮酒，不论贵贱，若先醉，便对客人说：“我醉欲眠，卿可去！”诗人襟怀坦荡如此。

“晨兴理荒秽，带月荷锄归”：为了不使豆田荒芜，诗人一大早就下了地，到了晚上才披着月光回来。虽然很辛苦，但他并不抱怨，这从“带月荷锄归”的美景就可以看出来。“晨兴”写早起；“带月”写晚归，看出他日出而作，日入而息的辛劳。“理荒秽”，写他归耕后垦荒工作的艰难。尽管每天劳动时间很长，从日出到月出，身体很疲惫，然而诗人没有丝毫怨言，反而有“带月荷锄归”的悠闲笔调写出他劳动后的愉悦与自豪。此时，好像看见诗人在月出山岗后，心满意得地扛着锄头，哼着诗句，漫步归家的情景。人与月与自然环境构成了一个和谐的统一体，诗人心灵的舒畅，通过艺术的笔触，净化为一种崇高的自然美、精神美、诗歌美，活脱出一个美好静谧的意境和悠闲自得的形象。“带月”句可说是神来之笔，它变劳苦为欢快，化困倦为轻松，具有点染之功。“种豆南山下”平淡之语，“带月荷锄归”优美之句；前句实，后句虚。全诗在平淡与幽美、实景与虚景的相互补衬下相映生辉，柔和完美。

“道狭草木长，夕露沾我衣”：“草木长”和“夕露”可以让我们感到田园的荒芜、环境的幽清和夜气的湿寒。为后文写“衣沾不足惜”做铺垫。道路的“狭”窄，杂草的高、长，足以说明南山之地人烟稀少，可作者原理了官场的喧嚣，来到这一养花种豆的绿色原野中，呼吸着大自然新鲜的空气，享受着露水“沾”我衣的惬意，这真是自由的情怀啊！

“衣沾不足惜，但使愿无违”：“衣沾不足惜”这句话看似平淡，但这种平淡正好映射了结尾这一句“但使愿无违”，使得“愿无违”强调得很充分。朴素如随口而出，不见丝毫修饰。这自然平淡的诗句融入全诗醇美的意境之中，则使口语上升为诗句，使口语的平淡和诗意的醇美和谐地统一起来，形成陶诗平淡醇美的艺术特色。这里的“愿”更蕴含了不要在那污浊的现实世界中失去了自我的意思。它既有儒家洁身自好、安贫乐道的思想，亦有道家的返璞归真、顺应自然的意念，并且这二者常常融为一体。同时也点明主旨：写出了劳作的艰辛，但这种艰辛在作者看来是快乐的，因为向往田园生活，不为五斗米折腰，不愿与世同流合污的意愿没有被违背，暗含了作者对田园生活的热爱和对官场黑暗社会污浊的批判，反映了作者高洁傲岸，安贫乐道，淡泊名利的精神品质。

作者掠影

陶渊明（约 365～427），东晋末期南朝宋初期诗人、文学家、辞赋家、散文家。字元亮，又名潜，字渊明，号五柳先生，私谥“靖节”，汉族，东晋浔阳柴桑人（今江西九江）。曾做过几年小官，后辞官回家，从此隐居，田园生活是陶渊明诗的主要题材，相关作品有《饮酒》《归园田居》《桃花源记》《五柳先生传》《归去来兮辞》等。

延伸阅读

醉石诗

陶渊明当上彭泽县令没多长时间，有一天，浔阳郡郡守派一个督邮到县里视察，县吏告诉他：“您应该穿好衣服，束好衣带前去拜见。”陶渊明听后，叹了口气说："我岂能为了五斗米，就向那些乡里小儿卑躬屈膝？"当天便辞了彭泽县令这个职务，回归故乡。陶渊明只当了八十五天的彭泽县令，从此就没有再做官，开始了长达二十多年的隐居生活。

陶渊明一生好喝酒。相传他辞官回乡后，常邀友人一起喝酒，时常喝醉。醉了不在家好好睡觉，偏喜欢摇摇晃晃地走到虎爪崖下的一块巨石上酣卧。这就是有名的"醉石"。当地人说，醉石上至今还能看到陶渊明留下的卧痕。清朝大才子袁枚曾作诗："先生容易醉，偶尔石上眠。谁知一拳石，艳传千百年"。

醉石上题刻很多，不少已难以辨认。最醒目的是宋朝大儒朱熹题写的"归去来馆"四个隶书大字。朱熹一到南康（今星子）任知府，便来栗里寻访陶渊明遗踪。他在醉石旁建了"五柳馆"，后又建了"归去来馆"，亲笔题写了"归去来馆"馆名，并将这 4 个大字刻在了醉石上。醉石上还有一首明朝嘉靖进士郭波澄题的诗保存得较好，诗云："渊明醉此石，石亦醉渊明。

考试链接

1. 这首诗从内容上可分为劳动的地点及结果、__________、__________三层意思。

2. 陶渊明在《归园田居（其一）》中写道"少无适俗韵，性本爱丘山"，本诗中哪句与此诗句有异曲同工之妙？表现了作者怎样的人生志趣？

编注者：谢彩霞

【参考答案】

1. 劳作的艰辛、作者的志趣。
2. 本诗中"衣沾不足惜，但使愿无违"与此句有异曲同工之妙。表现了诗人隐居躬耕，不与世俗同流合污（或不在污浊的现实世界中失去自我）的人生志趣。

【明】唐寅《人物图页》

扫一扫，听朗读

咏怀（其一）

［魏晋］阮籍

夜中不能寐，起坐弹鸣琴①。
薄帷②鉴③明月，清风吹我襟。
孤鸿④号⑤外野，翔鸟⑥鸣北林⑦。
徘徊将何见，忧思独伤心。

注释

①夜中不能寐，起坐弹鸣琴：此二句化用王粲《七哀诗》诗句："独夜不能寐，摄衣起抚琴。"

②薄帷：薄薄的帐幔。

③鉴：照。

④孤鸿：失群的大雁。

⑤号：鸣叫、哀号。

⑥翔鸟：飞翔盘旋着的鸟。

⑦北林：《诗经·秦风·晨风》："鴥（yù）彼晨风，郁彼北林。未见君子，忧心钦钦。如何如何，忘我实多！"后人往往用"北林"一词表示忧伤。

古诗今读

夜半难眠，起坐弹琴，明亮的月光照进薄薄的幔帐，徐徐清风吹拂着我的衣襟。失群的大雁在野外悲哀地号叫，飞翔盘旋着的鸟儿在林中惊鸣。我徘徊逡巡，又能见到什么呢？不过是独自伤心罢了。

赏析要点

《夜中不能寐》是《咏怀诗》的第一首，精选"明月""清风""孤鸿""翔鸟"等意象，营造出孤寂凄清的意境，表现了诗人生活在魏晋时期黑暗政治和社会现实中的内心苦闷之情，深刻地反映了诗人看不见政治出路的忧思。

“夜中不能寐，起坐弹鸣琴。”起句就直抒胸臆：心中装满了心事，夜深无法入眠，只好起来弹琴排解忧思。可见作者是多么的苦闷啊！这种苦闷是什么呢？诗人没有明说，也不能说，因为那不是容许说真话的时代。

“薄帷鉴明月，清风吹我襟。”既然不能说真话，只好把目光转到旁的事物：明月如流水一般静静地泄在薄薄的帐幔上，不解人意的清风带着深夜的几分凉意吹起衣襟。这两句描摹目之所见、身之所感。“明月”“清风”是典型的寂寥忧思的意象，常见于思乡怀人的诗句中，“举杯邀明月，对影成三人”，“露从今夜白，月是故乡明”，然而阮籍夜不能寐的忧思，却不是思乡，而是身处乱世，饱受惊惧侵袭的伤感和无奈。

“孤鸿号野外，翔鸟鸣北林。”“孤鸿”“翔鸟”表面上是写景：孤鸿在野外哀号，盘旋的飞鸟在北林悲鸣。实际上这两者正是诗人内心的写照，或说诗人以“孤鸿”“翔鸟”自喻，在郊野哀号，在北林悲鸣，不正是深夜无眠弹琴哀鸣的作者自己吗？诗人用“孤鸿”映射内心的孤苦，从此后人纷纷效仿，唐代张九龄《感遇》诗之四：“孤鸿海上来，池潢不敢顾。侧见双翠鸟，巢在三珠树”；北宋苏轼《卜算子·黄州定慧院寓居作》词：“缺月挂疏桐，漏断人初静。谁见幽人独往来？缥缈孤鸿影”。

“徘徊将何见？忧思独伤心。”这两句自问自答，诗人在徘徊，孤鸿、翔鸟也在空中徘徊，在这朦胧的月色中，在这凄冷的晚风中，可以看见什么呢？能看见什么呢？只怕是满目疮痍，哀嚎遍野！这也将开篇的“夜不能寐”的原因一语道破，点出全诗的主旨！也为五言《咏怀》八十二首定下了基调。

此诗为八十二首《咏怀》诗的第一篇，实为这些诗的总开端，如同序诗，写诗人深夜弹琴和孤独不安的忧思。

作者掠影

阮籍（210～263），三国时期魏诗人，字嗣宗，陈留（今属河南）尉氏人。“建安七子”之一阮瑀的儿子，“竹林七贤”之一。他是正始文学的代表作家，全力创作五言抒情诗。他的诗大量应用比兴象征、神话传说、以景寓情、借古讽今等表现手法，曲折隐晦的抒写愤世嫉俗、感慨郁闷的内心世界，形成了言近旨远的艺术风格。崇奉老庄之学，政治上则采取谨慎避祸的态度。阮籍《咏怀》诗现存八十二首，四言诗十三首，非一时一地之作，主要写诗人在魏晋易代的黑暗现实生活中的各种感慨。

延伸阅读

从孤独的阮籍看魏晋风骨

魏晋风度，在中国历史上一直是文人士大夫们所津津乐道的话题和追崇的典范，在很多人看来，这也是一种真正的名士风范，所谓是真名士自风流。阮籍是魏晋时期的一位名士，就是这样的真名士，风流才子，他的“风流”被后人“几追仙姿，为后世景仰”。

阮籍在政治上本有济世之志，却又不满司马氏的专权，也许是政治上热情的冷却，到了几近绝望的地步时，开始了不涉是非的生活，或者闭门读书，或者登山临水，或者酣醉不醒，或者缄口不言。《晋书》列传十九有这样的描述：“籍容貌瑰杰，志气宏放，傲然独得，任性不羁，而喜怒不形于色。或闭户视，累月不出；或登临山水，经日忘归。博览群籍，尤好《庄》《老》。嗜酒能啸，善弹琴。当其得意，忽忘形骸。时人多谓之痴……”阮籍应该是美男子，任性不羁，嗜烈酒，善弹琴，时常得意忘形，痴狂至极。

出游、作诗、饮酒是他的生活方式，崇奉老、庄是他的精神家园。这一方面是鉴于当时险恶的政治情势，他需要采取谦退冲虚的处世态度，道家思想正好可以做他的精神依托；另一方面也是受了当时盛行的玄学的影响，很多魏晋时期的隐士，名士也有相同的态度。生逢乱世多悲怆，在阮籍的每一个生命将尽的节点，也许是玄学及时有效支撑了他的生命，即使驾车到了“山穷水尽疑无路”时，仍然会“恸哭而反”。乱世之中，他常以“醉酒”保身，司马昭想与他联姻时，他竟大醉六十日加以拒绝。

阮籍常常痛苦得夜不能寐，独自承载这一份忧愁，一份孤独。一切理想和追求均告破灭的阮籍，没有去幻想命运和境遇的转变，也没有与拒绝他的世界妥协，而是勇敢地对拒绝了他的世界说再见，承受的是绝对的孤独之苦。阮籍以自己生命和孤独的坚持表现了自我的勇气，在这份坚持中暗含了对自由与美好人生的期许和希望。

魏晋风度是当时士族意识形态的一种人格表现，风流名士们崇尚自然、超然物外，率真任诞而风流自赏。虽然放达出格，有悖常理，影响却相当深远。阮籍以“终身履薄冰，谁知我心焦”的名句道出了他的孤独与苦闷，他的狂傲，他的痴态，他自由不羁的生活，精彩地塑造了一个理想破灭却始终坚守的孤独者的人文形象。

考试链接

1. “孤鸿号外野”中的“孤”在表达上有什么作用？

2. 这首诗是怎样运用动静相形的艺术手法的？

编注者：李宏发

【参考答案】

1. “孤”字表明这是一只落单的鸿雁，一方面使其鸣声笼上一层凄凉，另一方面也折射出诗人的孤独无依。
2. 此诗显著的特点是采用动静相形的手法，取得了独特的艺术效果。“起坐弹鸣琴”是动；清风吹拂，月光徜徉，也是动。前者是人的动，后者是物的动，都示意诗人内心的焦躁。（失群大雁在野外悲哀地号叫，飞翔盘旋着的鸟儿在林中惊鸣，正是夜的寂静，孤鸿的哀号，翔鸟的悲鸣才听的清切。）然而，这里的动是以如磬的夜色为背景的。动，更衬出了夜的死寂，夜的沉重。这茫茫夜色笼罩着一切，象征着政治形势的险恶和诗人心灵上承受的重压。

【明】仇英《梧竹书堂图轴》

咸阳[1]城东楼

扫一扫，听朗读

［唐］许浑

一上高城万里愁，蒹葭[2]杨柳似汀洲[3]。
溪[4]云初起日沉阁[5]，山雨欲来风满楼。
鸟下绿芜[6]秦苑[7]夕，蝉鸣黄叶汉宫[8]秋。
行人[9]莫问当年事，故国[10]东来[11]渭水流。

注释

①咸阳：今属陕西。咸阳旧城在西安市西北，汉时称长安，秦汉两朝在此建都。隋朝时向东南移二十城建新城，即唐京师长安。唐代咸阳城隔渭水与新都长安相望。

②蒹葭（jiān jiā）：芦苇一类的水草。蒹，荻；葭，芦。

③汀（tīng）洲：水边之地为汀、水中之地为洲，这里指代诗人在江南的故乡。

④溪：指磻（pán）溪。

⑤阁：指慈福寺阁。

⑥芜（wú）：长满杂草。

⑦秦苑：咸阳城秦朝遗留的皇家花园。

⑧汉宫：咸阳城秦宫与长安城汉宫隔水相对。

⑨行人：过客。泛指古往今来征人游子，也包括作者在内。

⑩故国：指秦汉故都咸阳。

⑪东来：指诗人自东边而来。

古诗今读

登上百尺咸阳城楼，凭栏眺望，引我万里乡愁。眼前芦苇苍苍，杨柳飘拂，好似江南故乡的沙洲。

远望磻溪，乌云冉冉升起，而夕阳已经沉落西城外的慈福寺楼阁后面。满楼风声飒飒，一场山雨就要到来。

鸟雀仓惶逃入遍地绿芜、一片荒凉的秦苑，秋蝉躲在秋风萧瑟的汉宫荒园林中悲鸣。

羁旅于此的行人，不要问秦汉旧朝的事了，我这次来故国咸阳，连遗址都寻不着，只有悠悠的渭河水依然彻夜东流。

赏析要点

“一上高城万里愁，蒹葭杨柳似汀洲。”第一句，以“上高城”照应标题“（登楼）”，然后笔锋一转，总括登楼情感——“愁”，“一上”，表明情感诞生的迅疾，力如千钧。次句轻轻点出“愁”的原因，烟笼蒹葭，雾罩杨柳，让诗人想起了故乡江南。首联沉稳有力，情绪幽然，诗人似有千种感触，留待倾吐。

“溪云初起日沉阁，山雨欲来风满楼。”颔联承接着“上楼”，写晚眺远景：红日渐薄远山，暮色苍茫时，漫天乌云从溪边弥漫；凉风乍起，一场风雨即将瓢泼而至。诗人既敏锐地描摹了登楼所见之景，又巧妙地融合了饱经沧桑的诗人的人生经验，还巧妙地阐释了“万里愁”的第二个原因——这漫天风雨中摇摇欲坠的城东楼，不正像晚唐的命运？后人有鉴于此，常用此联来比喻重大事件发生前的紧张气氛，遂成千古名句。

“鸟下绿芜秦苑夕，蝉鸣黄叶汉宫秋。”颈联承担着“转”的使命，既要粘连上面所写，又要为后面的中心服务，历来为诗家所重。诗人将自己的视线从远处收回，将目光投向了充满历史象征意味的“秦苑”“汉宫”，为尾联蓄势。但无论是仓惶逃入遍地绿芜的荒园的鸟雀，还是躲在满目疮痍园林的黄叶后悲鸣的秋蝉，都不能宽慰诗人的寸心，反倒撩起了诗人更大的感伤：不识兴亡的鸟雀和虫鸣，无法阻挡的历史演进、王朝更替和世事沧桑，永远相悖，不可调和。所以，诗人的愁怨从“万里”推向“千古”，感慨和吊古之情又翻进了一层。

“行人莫问当年事，故国东来渭水流。”尾联是诗歌的“合”，是诗人的情感集中的表现。诗人先虚拟了一个谈话的对象——行人，然后哀请其“莫问当年事”，然后轻叹一声，给出自己的答案：前次东来，只见渭水。“莫问”二字，表明是劝诫，实乃启人思考之语，它让读者从悲凉颓败的自然景物中钩沉历史的教训。

全诗本来是抒发诗人对唐王朝“日薄西山、气息奄奄”的衰败形势的无限感慨之情的，但是诗人并未直抒胸臆，而是通过对景物的描写，赋予抽象的感情以形体，从而增强了诗的形象性和艺术感染力。另外，诗人善于思索，凭着自己的生活积累和科学总结，把风为雨之先导的自然规律，形象运用入诗，铸成“山雨欲来风满楼”这富于哲理意味的千古名句。

作者掠影

许浑（约 791～858），晚唐极具影响力的诗人之一。字用晦，一作仲晦，祖籍安州安陆，寓居润州丹阳（今属江苏），遂为丹阳人。武后朝宰相许圉师六世孙。文宗大和六年（832 年）进士及第，先后任当涂、太平令，因病免。大中年间入为监察御史，因病乞归，后复出仕，任润州司马。历虞部员外郎，转睦、郢二州刺史。晚年归丹阳丁卯桥村舍闲居，自编诗集诗歌“新旧五百篇”，曰《丁卯集》。集中均为近体诗，无一古体。许浑诗歌风格清丽，尤长于律诗，颇为杜牧、韦庄所称重。七律、五律尤佳，诗中多描写水、雨之景，后人拟之与诗圣杜甫齐名，更有“许浑千首诗，杜甫一生愁”之语。

延伸阅读

时与空的互渗
——论许浑怀古咏史诗的艺术特色

作为一个“心忧天下”的士大夫，许浑无时无刻不在对国家风雨飘摇的严峻形势进行着深刻的思考，试图总结历史的某种必然规律，以期指导现实，挽救唐祚的衰微。而他本人又好览迹访胜，在游览登临时发思古之幽情。在这样的登临怀古之作中，诗人所表现的，不仅是过去的时空，而且也包含了现实的时空。因此，当诗人对历史给予深刻反思和现实关照时，诗中的时空关系就变得非常微妙：不仅历史时空和现实时空相互交融渗透，而且时间感与空间感也相互生成转换，从而极大地丰富了诗歌的审美内涵。

如《金陵怀古》这首诗突出的艺术特征就是，将历史浓缩成空间形式的画面。其诗中最精彩的是颔联“松楸远近千官冢，禾黍高低六代宫”，从表面上看，描写的是现实的空间，但实际上却是对六朝将近三百年的概括，历史和现实、时间和空间在这里汇聚，在空间感中融入了强烈的历史感。金圣叹评此二联曰："此先生眼见一片楸梧禾黍，而悄然追叹其事也，……合殿千官，尽成瓦散，六宫台殿，咸委积莽，如此楸梧禾黍，皆是当时朝朝琼树，夜夜碧月之地之人也。"当时的千官六宫如今已成墓冢遗迹，而松楸禾黍之地却悲哀地映照着当时六朝的繁华。千官冢，六代宫这一空间的画面中展现的是六朝将近三百年的历史，而此怀古又有自古及今的意味，于是使这一历史时间更加绵延漫长。

再如，《咸阳城东楼》中"一上高城万里愁，蒹葭杨柳似汀洲"，唐汝询《唐诗解》卷四十四解其此联曰："咸阳本人烟辐辏之所，今所见唯蒹葭杨柳，俨然一汀洲也。"万里愁可谓是万古愁，"万里"之空间与万古之时间在这里汇聚成一个"愁"字，可见此愁之深瀚。而蒹葭杨柳是"切时地"的现实的空间，但是这一具体空间物境却包孕着咸阳城由盛至衰几百年的历史，从而更具伤逝悲哀的情调。

在许浑的怀古咏史诗中，时间是绵长深远的，如"凄凉遗迹洛川东，浮世荣枯万古同"（《金陵怀古》）、"力尽乌江千载后，古沟芳草起寒云"（《鸿沟》）、"寒柏阴风万古悲，儒冠相枕死秦时"（《旌儒庙》）。诗人在历史时间的大幅度跨越和组接当中，强调的是千古如斯。芳草寒柏在这千年亘古中，默默无语，见证着这人世的变迁、时光的流逝、历史的无情，这如同过眼云烟般转瞬即逝的历史兴亡。

同样，许浑的怀古咏史诗中的空间也是阔大的，作者很少去描写那些具体、细碎的空间物象，而是在四海万里之间，寄寓着深刻的历史沉思。"一上高城万里愁，蒹葭杨柳似汀洲"（《咸阳城东楼》）；"四海义师归有道，迷楼还似景阳楼"（《汴河亭》）；"欲写明妃万里情，紫槽红拨夜丁丁"（《听琵琶》）；"香径绕吴宫，千帆落照中"（《重经姑苏怀古二首》其二）。诗人采用以空间换时间的写法，将历史空间化、定格化，以类似今日电影蒙太奇的剪辑方式，将历史画面加以定格、放大，进行比较思考，在富有象征性的历史画面前，感悟出诗意和哲理。

（选自《语文学刊·论许浑怀古咏史诗的艺术特色》作者：续娟娟）

考试链接

1. 下列对这首诗理解不正确的一项是（　　）

A. 首句奠定全诗的感情基调，首句"一上高城万里愁”，落笔便点明诗人登上咸阳城楼的满怀愁肠忧情。

B. 颔联描写磻溪罩云，暮色苍茫，一轮红日渐薄远山，隐入楼阁后，就在这夕照图初展丽景之际，蓦然凉风突起，咸阳西楼顿时沐浴在凄风之中。凄风苦雨，一场山雨眼看就要到了。

C. 颈联则是从空间领域的下端状摹景物。山雨将到，鸟雀仓惶，秋蝉悲鸣，此时只有秦汉两代的深宫禁苑才是千古兴亡的见证。秦汉兴亡之事，更把诗人的愁怨从“万里”推向千古。

D. 尾联系感慨之词，是说过往的游客不要向我索问当年秦汉兴亡之事，秦汉旧地如今只剩下由西向东流逝的渭水了。一个“流”字则暗示出颓势难救的痛惜之情。

2. 根据内容，概括作者“愁”的原因。

3. 简要赏析颈联“鸟下绿芜秦苑夕，蝉鸣黄叶汉宫秋”的表达效果。

编注者：刘伟斯

【参考答案】

1. D　D 项“行人莫问当年事”不应该理解为过往的游客不要向我索问当年秦汉兴王之事，“行人”即过客，这里泛指古往今来征人游子，当然也包括诗人在内。
2. 官宦在外，思念家乡；国势动荡，危机四伏；江山依旧，世事沧桑。
3. 颈联晚眺近景，虚实结合，强调过去的禁苑深宫，现今只是绿芜遍地，黄叶满林，唯有鸟蝉不识兴亡，依然如故。沧桑的世事，把诗人的愁怨从“万里”推向“千古”，吊古之情油然而生。

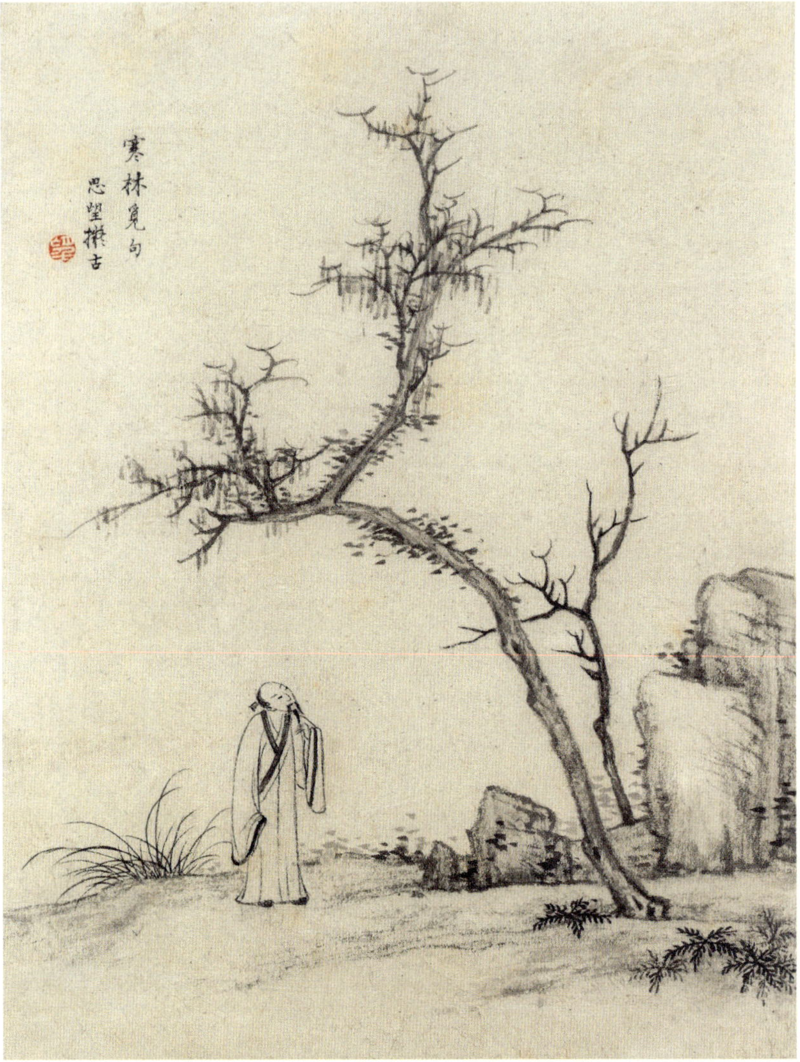

【清】戴思望《仿云林八景图册》

十五从军征

汉乐府

扫一扫，听朗读

十五从军征，八十始得归[1]。
道逢乡里人：“家中有阿[2]谁？”
“遥看是君家，松柏冢[3]累累[4]。”
兔从狗窦[5]入，雉[6]从梁上飞。
中庭[7]生旅谷[8]，井上生旅葵。
舂[9]谷持[10]作饭，采葵持作羹。
羹饭一时熟，不知贻[11]阿谁。
出门东向看[12]，泪落沾我衣。

注释

①始得归：才得以回家，反映了当时男子超期服役的现实。

②阿：语气词，无实义。

③冢（zhǒng）：坟墓。

④累累：形容丘坟一个连一个的样子，与“垒垒”通。

⑤狗窦（gǒu dòu）：给狗出入的墙洞。窦，洞穴。

⑥雉（zhì）：野鸡。

⑦中庭：庭中。

⑧旅谷：植物未经播种叫“旅生”。旅生的谷叫

“旅谷”。

⑨舂（chōng）：把东西放在石臼或钵里捣掉皮壳或捣碎。

⑩持：用。

⑪贻（yí）：送，赠送。

⑫东向看：因亲人的坟在家的东方，故东望伤心。

古诗今读

十五岁就应征去参军，到了八十岁才退役回到家乡。路上碰到一个乡下的邻居，问：“我家里还有什么人？”

远远地看去，那松柏丛中，累累荒坟的地方就是你家。来到家门前，只见野兔从狗洞里进进出出，野鸡在废旧的屋脊上飞来飞去。

院子里长着野生的谷子，野生的葵菜环绕着井台。用捣掉壳的野谷来做饭，摘下葵叶煮汤就当是菜了。

汤和饭一会儿都做好了，却不知赠送给谁吃。走出大门往东面张望，老泪纵横洒落在连年征战、残破不堪的征衣上。

赏析要点

全诗通过描写一个少小离家从征、暮年才得以解甲归田的老兵，回乡后不得不面临家破人亡、无家可归的悲怆现实。通过老兵的悲惨人生，深刻揭露了汉代长期对外战争和苛刻的兵役制度带给老百姓沉重的灾难。因而全诗在诵读时，应把握住凝重、悲伤的感情基调，节奏舒缓，通过低沉而凝重的声音，通过朗诵时轻重缓急的变化，将老兵的悲怆之情渐次推向高潮，让悲哀至极、孤苦至极的主人公，和读者产生强烈的共鸣。

这是一首揭露封建社会不合理的兵役制度的汉代乐府民歌，反映了劳动人民在当时黑暗的兵役制度下的不平和痛苦。作品真实、深刻、令人感愤，催人泣下。该诗围绕老兵的返乡经历及其情感变化谋篇结构，巧妙自然。其返乡经历是：始得归→归途中→返回家中→“出门东向看”；情感变化为：急想回家→急想知道“家中有阿谁？”→充满与亲人团聚的希望（归途中）→希望落空→彻底失望（返回家中，景象荒凉，了无一人）→悲哀流泪，心茫然（“出门东向看”）。这些又归结为表现揭露黑暗社会现实的主题。全诗运用白描手法绘景写人，层次分明，语言质朴，且以哀景写哀情，情真意切，颇具特色，也颇能体现汉乐府即景抒情的艺术特点。

延伸阅读

战城南

战城南，死郭北，野死不葬乌可食。
为我谓乌：且为客豪！
野死谅不葬，腐肉安能去子逃？
水声激激，蒲苇冥冥；
枭骑战斗死，驽马徘徊鸣。
梁筑室，何以南？何以北？
禾黍不获君何食？愿为忠臣安可得？
思子良臣，良臣诚可思：
朝行出攻，暮不夜归！

在汉乐府中和《十五从军征》主题相近的诗篇还有《战城南》。《战城南》是为在战场上阵亡的将士而作，诗中描写了前方战士暴尸荒野，后方田园荒芜，道出老百姓只是战争的牺牲品，表达人民反对并诅咒战争的愿望。诗中借告语乌鸦、驽马哀鸣的奇思妙想，来抒发悲怆之情，这一浪漫主义的写法和《十五从军征》的立足现实、转换镜头的叙述不同，让汉乐府诗歌在同一主题下，呈现出各美其美、美美与共，艺术特色更鲜明多样。

《战城南》开篇描绘一场战斗结束，死难的士兵尸横荒野，饥饿的乌鸦盘旋啄食尸体，阵亡人难以安葬，诗人只好寄语乌鸦，让它们在啄食之前，先为死者哀鸣几声。接着诗人又描绘了激战之后战场的阴森、凄凉，用几匹受伤的战马围着战死的主人徘徊悲鸣，来表现战争的惨烈；进而指出战争造成交通阻隔，田园荒芜，“禾黍不获”，反映战争带给百姓沉重的灾难。最后表现对捐躯战士的歌颂和哀思。

考试链接

1.《十五从军征》中表现从征历时之久的诗句是__________，描写久经征战的士兵归家时家中凄凉景象的句子是__________；暗示老人孤苦伶仃、无依无靠的诗句是__________。

2. 这首诗运用哪些描写手法？请联系相关诗句，体会其作用？

编注者：房卫华

【参考答案】

1. 十五从军征，八十始得归；兔从狗窦入，雉从梁上飞；羹饭一时熟，不知贻阿谁。
2. 语言描写、动作描写、环境描写。

（1）语言描写——“道逢乡里人：家中有阿谁？遥看是君家，松柏冢累累”，通过和同乡人的问答，表现主人公急切想知道家中亲人的现状，及与亲人团聚仍心存幻想，同乡人的回答，答非所问，婉转表达出对老兵的同情。

（2）动作描写——“舂谷持作饭，采葵持作羹”，写出主人公家破人亡，一无亲人，二无米粮，生活处境极其艰难。

（3）动作描写——“出门东向看，泪落沾我衣”，写出主人公孤苦至极，悲伤至极，只好茫然遥望家人埋葬的地方，凄然泪下。

（4）环境描写——“兔从狗窦入，雉从梁上飞。中庭生旅谷，井上生旅葵。”用残破荒凉的景象来表现人物悲惨的境遇和痛苦的心情。

[清] 沙馥 《机声夜课图卷》

扫一扫，听朗读

木兰诗

北朝民歌

唧唧[1]复唧唧，木兰当户[2]织。不闻机杼声[3]，惟闻女叹息。

问女何所思，问女何所忆[4]，女亦无所思，女亦无所忆。昨夜见军帖[5]，可汗[6]大点兵，军书十二卷[7]，卷卷有爷[8]名。阿爷无大儿，木兰无长兄，愿为市[9]鞍马[10]，从此替爷征。

东市买骏马，西市买鞍鞯，南市买辔头[11]，北市买长鞭。旦辞[12]爷娘去，暮宿黄河边，不闻爷娘唤女声，但闻黄河流水鸣溅溅[13]。旦辞黄河去，暮至黑山[14]头，不闻爷娘唤女声，但闻燕山胡骑[15]鸣啾啾[16]。

万里赴戎机[17]，关山度[18]若飞。朔气传金柝[19]，寒光[20]照铁衣[21]。将军百战死，壮士十年归。

归来见天子，天子坐明堂[22]。策勋[23]十二转[24]，赏赐百千[25]强[26]。可汗问所欲，木兰不用[27]尚书郎[28]；愿驰千里足[29]，送儿还故乡。

爷娘闻女来，出郭相扶[30]将；阿姊闻妹来，当户理[31]红妆；小弟闻姊来，磨刀霍霍[32]向猪羊。开我东阁门，坐我西阁床，脱我战时袍，著[33]我旧时裳，当窗理云鬓[34]，对镜帖花黄[35]。出门看火伴[36]，火伴皆惊忙：同行十二年，不知木兰是女郎。

雄兔脚扑朔[37]，雌兔眼迷离[38]；双兔傍地走，安能辨我是雄雌？

注释

①唧（jī）唧：纺织机的声音。一说为叹息声，意思是木兰无心织布，停机叹息。

②当（dāng）户：对着门或在门旁，泛指在家中。

③机杼（zhù）声：织布机发出的声音。机，指织布机。杼，织布的梭子。

④忆：思念，惦记

⑤军帖（tiě）：征兵的文书。

⑥可汗（kè hán）：古代西北地区少数民族对君主的称呼。

⑦军书十二卷：征兵的名册很多卷。十二，表示很多，不是确指。下文的“十年”“十二转”“十二年”，用法与此相同。

⑧爷：和下文的“阿爷”一样，都指父亲。当时北方呼父为“阿爷”。

⑨市：买。

⑩鞍马：马匹和乘马用具。

⑪辔（pèi）头：驾驭牲口用的嚼子、笼头和缰绳。

⑫辞：离开，辞行。

⑬溅（jiān）溅：水流激射的声音。

⑭黑山：今呼和浩特市东南。429 年，《北史·蠕蠕传》：“车驾出东道，向黑山。”

⑮胡骑（jì）：胡人的战马。胡，古代对北方少数民族的称呼。

⑯啾（jiū）啾：马叫的声音。

⑰戎机：军机，指战争。

⑱度：越过。

⑲金柝（tuò）：即刁斗。古代军中用的一种铁锅，白天用来做饭，晚上用来报更。一说金为刁斗，柝为木柝。

⑳寒光：指清冷的月光。

㉑铁衣：古代战士穿的带有铁片的战衣。

㉒明堂：皇帝用来祭祀、接见诸侯、选拔等所用的殿堂。

㉓策勋：记功。

㉔转（zhuǎn）：勋级每升一级叫一转，十二转为最高的勋级。十二转，不是确数，形容功劳极高。

㉕百千：形容数量多。

㉖强：有余。

㉗不用：不为，不做。

㉘尚书郎：官名，魏晋以后在尚书台（省）下分设若干曹（部），主持各曹事务的官通称尚书郎。

㉙千里足：可驰千里的脚力，指好马。

㉚扶：扶持。

㉛理：梳理。

㉜霍（huò）霍：磨刀迅速时发出的声音。一说，刀光闪动疾速貌。

㉝著（zhuó）：通假字 通“着”，穿。

㉞云鬓（bìn）：像云那样的鬓发，形容好看的头发。

㉟帖（tiē）花黄：当时流行的一种化妆款饰，把金黄色的纸剪成星、月、花、鸟等形状贴在额上，或在额上涂一点黄的颜色。帖，同“贴”。花黄，古代妇女的一种面部装饰物。

㊱火伴：古时兵制，十人为一火，火伴即同火的人。

㊲扑朔：形容雄兔脚上的毛蓬松的样子。

㊳迷离：形容雌兔的眼睛被蓬松的毛遮蔽的样子。

古诗今读

叹息声一声接着一声传出，木兰对着房门织布。听不见织布机织布的声音，只听见木兰在叹息。问木兰在想什么？问木兰在惦记什么？（木兰答道）我也没有在想什么，也没有在惦记什么。昨天晚上看见征兵文书，知道君主在大规模征兵，那么多卷征兵文册，每一卷上都有父亲的名字。父亲没有大儿子，木兰（我）没有兄长，木兰愿意为此到集市上去买马鞍和马匹，替代父亲去征战。

在集市各处购买马具。第二天早晨离开父母，晚上宿营在黄河边，听不见父母呼唤女儿的声音，只能听到黄河的流水声。第二天早晨离开黄河上路，晚上到达黑山头，听不见父母呼唤女儿的声音，只能听到燕山胡兵战马的啾啾的鸣叫声。

不远万里奔赴战场，翻越重重山峰就像飞起来那样迅速。北方的寒气中传来打更声，月光映照着战士们的铠甲。将士们身经百战，有的为国捐躯，有的转战多年胜利归来。

胜利归来朝见天子，天子坐在殿堂（论功行赏）。给木兰记很大的功勋，得到的赏赐有千百金还有余。天子问木兰有什么要求，木兰说不愿做尚书郎，希望骑上千里马，回到故乡。

父母听说女儿回来了，互相搀扶着到城外迎接她；姐姐听说妹妹回来了，对着门户梳妆打扮起来；弟弟听说姐姐回来了，忙着霍霍地磨刀杀猪宰羊。每间房都打开了门进去看看，脱去打仗时穿的战袍，穿上以前女孩子的衣裳，当着窗子、对着镜子整理漂亮的头发，对着镜子在面部贴上装饰物。走出去看一起打仗的伙伴，伙伴们很吃惊，（都说我们）同行数年之久，竟然不知木兰是女孩。

（提着兔子耳朵悬在半空中时）雄兔两只前脚时时动弹、雌兔两只眼睛时常眯着，所以容易分辨。雄雌两兔一起并排跑，怎能分辨哪个是雄兔哪个是雌兔呢？

赏析要点

《木兰诗》是中国南北朝时期北方的一首长篇叙事民歌，也是一篇乐府诗。记述了木兰女扮男装、代父从军、征战沙场、凯旋回朝、建功受封、辞官还家的故事，充满传奇色彩。

全文一共可分六个部分，第一部分写木兰决定代父从军；第二部分写木兰出征以及出征前的准备；第三部分写木兰十年来的征战生活；第四部分写木兰还朝辞官，；第五部分写木兰回家与亲人团聚的场景；第六部分以比喻作结，内容应不在正文之中。

其中第一、二、五部分描写较为详细，而第三、第四部分描写则较为简略。

其中第一部分一问一答，道出木兰的心事，道出了木兰替父从军的缘由，不是因为家国情怀，也不是“不爱红装爱武装”，而是因为“卷卷有爷名”，因为“阿爷无大儿，木兰无长兄”！

第二段，东西南北四句排比，亦是互文的修辞，渲染了战前准备的紧张和忙碌，读者似乎可以看到木兰的奔波和繁忙，亦可见出征之仓促。写木兰奔赴战场时反复提及“不闻爷娘唤女声”，其实正是木兰此时心态的真实写照：人在征途，但心里无时不刻在思念着父母，也许父母亦是同样思念女儿。此种场景，应有一步三回头之恋恋不舍。读来语调似有缓慢、哽咽之意。

第三、四两段是略写。

第五段，写木兰还乡与亲人团聚。先以父母姊弟各自符合身份、性别、年龄的举动，描写家中的欢乐气氛，展现浓郁的亲情；而对木兰重入闺房，再着“女儿妆”的一段描写，语调节奏充满轻快、欣喜，与前文第一、二段形成鲜明对比，更是淋漓尽致地渲染了木兰归来后情不自禁的喜悦、美丽可爱的女儿情态。最后作为故事的结局和全诗的高潮，是恢复女儿装束的木兰与伙伴相见的喜剧场面。

延伸阅读

北朝民歌的艺术特点

北朝民歌大部分保存在宋郭茂倩《乐府诗集·横吹曲辞》的《梁鼓角横吹曲》中，此外在《杂曲歌辞》和《杂歌谣辞》也有一小部分。今存70首左右。大多是北魏、北齐、北周时期的作品，多是少数民族的创作，传入南朝，被南朝保存了下来。

北朝民歌风格粗犷豪放，质朴刚健。北朝民歌多收入《鼓角横吹曲》中，《乐府诗集》说横吹“其始亦谓之鼓吹，马上奏之，盖军中之乐也”。这种“军中之乐”从音乐上就有别于南朝民歌。北朝民歌多反映北方少数民族大漠、草原上的游牧、征战生活。这种生活造就了民族的粗豪性格，情感体验没有南朝民歌的细腻深婉，而是率直裸露，反映在诗歌的创作风格上就形成了粗犷豪放,质朴刚健的特征。

北朝民歌的艺术虽然没有南朝民歌细腻委婉、优美精致的特点，但是在粗疏质朴中也别开另一种艺术境界。首先，简单质朴的语言造就了凌厉的气势。如“健儿须快马，快马须健儿。跋黄尘下，然后别雌雄”（《折杨柳歌辞》）语言虽然粗疏，但是很有气势,也揭示了马背民族强悍尚武的精神气质。其次，语言虽然朴素，但是却能创造出浑朴的意境。最典型的就是《敕勒歌》，只是随口唱来，短短几语，那苍茫的景象和雄浑的境界便应声而出，成就了千古绝唱。另外，朴素的语言却也有鲜明生动的形象。如“驱羊入谷，白羊在前。老女不嫁，蹋地唤天”（《地驱乐歌》），短短的十六字既描写了景物，又把老女的形象表现得鲜明而生动。简单疏朗、质朴无华，毫无造作矫饰是其艺术的基本特点。

北朝民歌的形式除五言外，还有四言、七言、杂言等，不似南朝民歌形式比较单调。

考试链接

1. 写木兰出征前紧张周密准备的句子是：________________

2. 写战争激烈紧张的句子是：________________

3. 说一说木兰是怎样一个人？

编注者：安瑞瑞

【参考答案】

1. 东市买骏马，西市买鞍鞯，南市买辔头，北市买长鞭。
2. 将军百战死，壮士十年归。
3. 木兰是一个云鬓黄花的少女，又是一个金戈铁马的英雄，在国家需要的时候，她挺身而出，驰骋沙场，立下汗马功劳；胜利归来后，又谢绝高官，返回家乡，参与劳动；她爱亲人，也爱国家，把对国家对亲人的责任感融合到一起的。木兰的形象，集中了中华民族的勤劳、善良、勇敢、刚毅，淳朴的优秀品质。

［明］仇英《南华秋水》

采　　薇[1]

《诗经·小雅》

扫一扫，听朗读

采薇采薇，薇亦作[2]止。曰归曰归，岁亦莫[3]止。靡室靡家[4]，猃狁[5]之故。不遑[6]启居，猃狁之故。

采薇采薇，薇亦柔[7]止。曰归曰归，心亦忧止。忧心烈烈[8]，载饥载渴。我戍未定，靡使归聘[9]。

采薇采薇，薇亦刚止。曰归曰归，岁亦阳[10]止。王事靡盬[11]，不遑启处。忧心孔[12]疚[13]，我行不来。

彼尔维何？维常[14]之华。彼路[15]斯何？君子之车。戎[16]车既驾，四牡[17]业业。岂敢定居？一月三捷。

驾彼四牡，四牡骙[18]骙。君子所依，小人所腓[19]。四牡翼翼，象弭[20]鱼服[21]。岂不日戒[22]？猃狁孔棘。

昔我往[23]矣，杨柳依依。今我来思，雨[24]雪霏霏。行道迟迟，载渴载饥。我心伤悲，莫知我哀！

注释

①采薇：薇，野豌豆苗，可食。采集薇菜。又借指隐居生活。《史记·伯夷列传》记载："武王已平殷乱，天下宗周周，而伯夷、叔齐耻之，义不食周粟，陷于首阳山，采薇而食之。"说的是伯夷、叔齐隐居山野，义不侍周的故事。

②作：指薇菜冒出地面。

③莫：通"暮"，也读作"暮"。本文指年末。

④靡（mǐ）室靡家：没有正常的家庭生活。靡，无。室，与"家"义同。

⑤猃狁（xiǎn yǔn）：中国古代少数民族名。

⑥不遑（huáng）：不暇。遑，闲暇。

⑦柔：柔嫩。"柔"比"作"更进一步生长。指刚长出来的薇菜柔嫩的样子。

⑧烈烈：炽烈，形容忧心如焚。

⑨聘（pìn）：问，谓问候。

⑩阳：农历十月，小阳春季节。今犹言"十月小阳春"。

⑪盬（gǔ）：止息，了结。

⑫孔：甚，很。

⑬疚：病，苦痛。

⑭常：常棣（棠棣），既茉苡，植物名。

⑮路：高大的战车。

⑯戎（róng）：车，兵车。

⑰牡（mǔ）：雄马。

⑱骙（kuí）：雄强，威武。这里的骙骙是指马强壮的意思。

⑲腓（féi）：庇护，掩护。

⑳象弭（mǐ）：以象牙装饰弓端的弭。

㉑鱼服，鱼皮制的箭袋。

㉒日戒：日日警惕戒备。

㉓往：当初从军。

㉔雨：音同玉，为"下"的意思。

古诗今读

豆苗采了又采，苗苗冒出了芽尖。说要回家了回家了，但已到了年末仍不能实现。没有妻室没有家，都是为了和猃狁打仗。没有时间安居休息，都是为了和猃狁打仗。

豆苗采了又采，苗苗多么鲜嫩。说回家呀道回家，心中是多么忧闷。忧闷的心好像烈火在燃烧，饥渴交加实在难忍。驻防的地方还不安定，没有人可委托去打听家里的消息。

豆苗采了又采，苗苗已经又老又硬。说回家呀回家，又到了十月小阳春。征役没有休止，哪能有片刻安身。心中是那么痛苦，到如今不能回家。

那盛开着的是什么花？是棠棣花。那驶过的是什么人的车？当然是将帅们的从乘。兵车已经驾起，四匹雄马又高又大。哪里敢安然住下？因为一个月多次打胜仗！

驾起四匹雄马，四匹马高大而又强壮。将帅们坐在车上，士兵们也靠它隐蔽遮挡。四匹马训练得已经娴熟，还有象骨装饰的弓和鲨鱼皮箭囊（指精良的装备）。怎么能不每天戒备呢？猃狁之难很紧急啊。

回想当初出征时，杨柳依依随风吹。如今回来路途中，大雪纷纷满天飞。道路泥泞难行走，又饥又渴真劳累。满腔伤感满腔悲，我的哀痛谁体会！

赏析要点

这首诗描述了这样的一个情景：寒冬，阴雨霏霏，雪花纷纷，一位解甲退役的征夫在返乡途中踽踽独行。道路崎岖，又饥又渴；但边关渐远，乡关渐近。此刻，他遥望家乡，抚今追昔，不禁思绪纷繁，百感交集。艰苦的军旅生活，激烈的战斗场面，无数次的登高望归情景，一幕幕在眼前重现。此诗就是三千年前这样的一位久戍之卒在归途中的追忆唱叹之作。其类归《小雅》，却颇似《国风》。

全诗六章，可分三层。既是归途中的追忆，故用倒叙手法写起。前三章为一层，追忆思归之情，叙述难归原因。这三章的前四句，以重章之叠词申意并循序渐进的方式，抒发思家盼归之情；而随着时间的一推再推，这种心情越发急切难忍。首句以采薇起兴，但兴中兼赋。因薇菜可食，戍卒正采薇充饥。所以这随手拈来的起兴之句，是口头语、眼前景，反映了戍边士卒的生活苦况。边关士卒的“采薇”，与家乡女子的“采蘩”“采桑”是不可同喻的。戍役不仅艰苦，而且漫长。“薇亦作止”“柔止”“刚止”，循序渐进，形象地刻画了薇菜从破土发芽，到幼苗柔嫩，再到茎叶老硬的生长过程，它同“岁亦莫止”和“岁亦阳止”一起，喻示了时间的流逝和戍役的漫长。岁初而暮，物换星移，“曰归曰归”，却久戍不归；这对时时有生命之虞的戍卒来说，不能不“忧心烈烈”。后四句为什么戍役难归的问题作了层层说明：远离家园，是因为猃狁之患；戍地不定，是因为战事频频；无暇休整，是因为王差无穷。其根本原因，则是“猃狁之故”。对于猃狁之患，匹夫有戍役之责。这样，一方面是怀乡情结，另一方面是战斗意识。前三章的前后两层，同时交织着恋家思亲的个人情和为国赴难的责任感，这是两种互相矛盾又同样真实的思想感情。其实，这也构成了全诗的情感基调，只是思归的个人情和战斗的责任感，在不同的章节有不同的表现。

第四、五章追述行军作战的紧张生活。写出了军容之壮，戒备之严，全篇气势为之一振。其情调，也由忧伤的思归之情转而为激昂的战斗之情。这两章同样四句一意，可分四层读。四章前四句，诗人自问自答，以“维常之华”，兴起“君子之车”，流露出军人特有的自豪之情。接着围绕战车描写了两个战斗场面：“戎车既驾，四牡业业。岂敢定居，一月三捷。”这概括地描写了威武的军容、高昂的士气和频繁的战斗；“驾彼四牡，四牡骙骙。君子所依，小人所腓。”这又进而具体描写了在战车的掩护和将帅的指挥下，士卒们紧随战车冲锋陷阵的场面。最后，由战斗场面又写到将士的装备：“四牡翼翼，象弭鱼服。”战马强壮而训练有素，武器精良而战无不胜。将士们天天严阵以待，只因为猃狁实在猖狂，“岂不日戒，猃狁孔棘”，既反映了当时边关的形势，又再次说明了久戍难归的原因。

诗歌出处

关于《诗经》编集的两种说法

1. 行人采诗说。《汉书·艺文志》载：“古有采诗之官，王者所以观风俗，知得失，自考正也。”《诗经》305篇的韵部系统、用韵规律和诗歌形式基本上是一致的，而它包括的时间长、地域广，在古代交通不便、语言互异的情况下，如果不是经过有目的地采集和整理，要产生这样一部诗歌总集是不可想象的。因而采诗说是可信的。

2. 孔子删诗说。《史记·孔子世家》载：“古者诗三千余篇，及至孔子去其重，取可施于礼义……三百五篇，孔子皆弦歌之。”唐代孔颖达、宋代朱熹、明代朱彝尊、清代魏源等对此说均持怀疑态度。《诗经》大约成书于公元前6世纪，此时孔子尚未出生；公元前544年吴公子季札至鲁国观乐，鲁乐工为他所奏的风诗次序与今本《诗经》基本相同，说明那时已有了一部《诗》，此时孔子年仅8岁。因此近代学者一般认为删诗说不可信。但根据《论语》

中孔子所说："吾自卫返鲁，然后乐正，雅、颂各得其所。"可知孔子确曾为《诗》正过乐。只不过至春秋后期新声兴起，古乐失传，《诗三百》便只有歌诗流传下来，成为今之所见的诗歌总集。

延伸阅读

《采薇》中的意象——薇

所谓意象，就是客观物象经过创作主体独特的情感活动而创造出来的一种艺术形象。简单地说，意象就是寓"意"之"象"，就是用来寄托诗人主观情思的客观物象。《采薇》中有多个意象，有比有兴，借景借物抒情，体现了古人独特的审美情趣。这里简述意象——薇。

《采薇》前三节是主人公归乡途中回忆以前的军旅生活及思乡之情，为何以"薇"起兴而不是其他植物呢？这个问题看似简单，实则涉及最后一节与前文的关联。《诗经》中的起兴多数是由眼前所见景物触发联想，引出下文抒情内容。"薇"这一意象是否也是如此呢？

"薇"，即野豌豆，冬天发芽，春天长成，夏秋开花结荚成熟，嫩茎、嫩叶和果实均可食。《采薇》第一节说"薇亦作止""岁亦莫止"，由见到野豌豆长出想到年末归家，这正与野豌豆的生长习性一致。而最后一节主人公归家时"雨雪霏霏"，也当在冬季，见到野豌豆应是理所当然。再则，第二节主人公戍边"载饥载渴"之时，通过采薇来充饥；最后一节主人公"载渴载饥"，冰天雪地何以解除饥渴？虽然没有交代，但有了以前戍边经历，采薇为食当是首选。基于上述两点可以合理推断，《采薇》之所以以"采薇"作兴起之由，也当是以归乡时眼前所见之物为联想触发点，前三节是以"薇"为线引起的回忆。

上面从"兴"的角度谈谈"薇"的作用，下面从"比"的角度探寻"薇"的意义。诗歌前三节用了三个动词"作""柔""刚"，写出了野豌豆由初生到长大再到变老的过程，这一过程与主人公思乡愁绪的触发，到"忧心烈烈"，再到"忧心孔疚"的情感变化过程一致。同时，野豌豆的生长期跨越了两年，既表达了时间的流逝，也暗示了主人公戍边时间之长。再则，大军未动粮草先行，但主人公所在的军队却采薇充饥，由采野豌豆嫩苗，到采野豌豆嫩尖，再到采豌豆籽实充饥，可见军粮难继，戍边环境极其恶劣。尽管戍役艰苦而漫长，主人公还在担心“王事靡盬”，反衬出了将士们不畏艰苦、抵抗侵略、以身报国的豪情。

考试链接

1.《采薇》诗中没有表现的思想感情倾向是（　　）

A. 对周天子的愤怒　B. 对战争的厌恶

C. 对和平的向往　D. 思乡自伤之情

2. 下列几项与《采薇》中“薇”意义完全没有关系的一项是（　　）

A. 时间　B. 气节情志

C. 饮食　D. 音乐

3. 试分析《采薇》这首诗以“采薇”起兴的表达效果。

4.《采薇》这首诗表现了作者哪几方面的思想感情？

编注者：苗　森

【参考答案】

1. A　2. D

3. 诗的开篇以“采薇”起兴，既生动的表现了戍边生活的艰难，戍卒采薇充饥的情景，也通过薇菜的细微的变化，形象的传达出时间的推移。随着时间的推移，戍卒的思乡之情也与日俱增。

4. 表现了矛盾复杂的感情。对敌人的愤恨、对家乡的思念、保家卫国、英勇杀敌的豪情以及对艰苦的戍边生活的厌倦。

心越 《山水图》

上　　邪

汉乐府

扫一扫，听朗读

上邪[1]，我欲与君相知[2]，长命[3]无绝衰[4]。山无陵[5]，江水为竭。冬雷震震[6]，夏雨雪[7]。天地合[8]，乃敢[9]与君绝！

注释

①上邪（yé）：天哪。邪，语气助词，表示感叹。

②相知：相爱。

③命：古与“令”字通，使。

④衰（cuī）：衰减、断绝。

⑤陵（líng）：山峰、山头。

⑥震震：形容雷声。

⑦雨（yù）雪：降雪。雨，名词活用作动词。

⑧天地合：天与地合二为一。

⑨乃敢：才敢，“敢”字是委婉的用语。

古诗今读

上天呀！我想与你相知相惜，天长地久有时尽，此情绵绵无绝衰。

除非巍巍高山消亡不见，除非滔滔江水干涸枯竭，除非凛凛寒冬雷声殷殷，除非炎炎酷暑雨雪纷纷，除非，除非天地合一，混沌不开。除非，除非这一切都成真，我才会和你情断意绝！

赏析要点

每次读到这首诗，眼前便出现一个情意绵绵，长似一江水，重似一江水，又一发不收百折不回，坚似一江水的女子形象。出现一个个纵然沧海桑田，天崩地裂，冬雷夏雨也坚贞不二，矢志不移的勇女子烈女子形象：当垆卖酒，回文回天的卓文君；生不同室，死亦同穴的祝英台；痴心不改，望夫化石的涂山女；挑天战地，水漫金山的白素贞……

是什么给了一个个柔弱女子惊天动地的力量，让她们缔造了一个个传奇或神话？是爱情！是爱情的美好，还有爱情的不自由和易变化，让人情不自禁发出“常存抱柱信”“愿同尘与灰”的心愿誓言！让这股追求永恒的力量古往今来，烈烈不绝！在男耕女织、男外女内、男尊女卑的社会更炽！

这首《上邪》中的女子正是如此！爱情婚姻题材作品在两汉乐府诗中占有较大比重，这些诗篇多是来自民间，或是出自下层文人之手，因此，在表达婚恋方面的爱与恨时，都显得大胆泼辣、毫不掩饰。

全诗直抒胸臆，写情不加点缀铺排。“上邪”三句，笔势突兀，气势不凡，指天发誓，直吐真言，情意炽烈！“长命无绝衰”五字，铿锵有力，于坚定之中充满忠贞之意。一个“欲”字，把不堪束缚，追求幸福的意念表现得淋漓尽致。诗言志，她要表达的、捍卫的，便是这种生死不渝的爱情！她的誓言坚决、质朴、真挚，用了一种绝对合情却极端不合理的方式来表达。

为了证实她的心意，她列举五种自然界不可能出现的变异，“山无陵，江水为竭，冬雷震震，夏雨雪，天地合”，一件比一件想得离奇，一桩比一桩令人难以思议。到“天地合”时，她的心意已经无以复加！这种缺乏理智、夸张怪诞不可能实现的奇想，都被抒情女主人公当作“与君绝”的条件，无异于说“与君绝”是绝对不可能的。结果呢？只有自己和“君”永远地相爱下去。这正是用最永恒难变的事物去表达永恒！

从艺术上看，《上邪》的抒情极富浪漫主义色彩，其间的爱情欲火犹如岩浆喷发不可遏制，气势雄放，激情逼人。读《上邪》，仿佛可以透过明快的诗句，倾听到女子急促的呼吸之声。《上邪》是一首用热血乃至生命铸就的爱情篇章，其语言句式短长错杂，随情而布。音节短促缓急，字句跌宕起伏。诗以“知”“衰”平声支部韵叙述起，转入声屑部韵（韵、雪、绝），诗意陡然猛烈激昂，坚贞不渝之意无以复加！

诗歌出处

《上邪》是一首乐府民歌，为《铙歌十八曲》之一，属乐府《鼓吹曲辞》。乐府为中国传统诗歌诗体的一种，是继《诗经》《楚辞》之后兴起的一种新诗体，与古体诗、近体诗构成古典诗歌中的三大类。乐府最初始于秦代，到汉时沿用了秦时的名称。公元前 112 年，汉王朝在汉武帝时正式设立乐府，其任务是收集编纂各地民间音乐、整理改编与创作音乐、进行演唱及演奏等。汉魏六朝以乐府民歌闻名。后世就叫这类诗为“乐府诗”，或简称“乐府”。包括郊庙歌辞、鼓吹曲辞、相和歌辞、杂曲歌辞四种。

延伸阅读

乐府诗采自民间，诗风亦属民间性质。《上邪》质朴而热烈，合情而不合理的浪漫主义手法对后世影响很大。敦煌曲子词中的《菩萨蛮》在思想内容和艺术表现手法上明显地受到它的启发：“枕前发尽千般愿，要休且待青山烂。水面上秤锤浮，直待黄河彻底枯。白日参辰现，北斗回南面，休即未能休，且待三更见日头。”青山烂，秤锤浮，黄河枯，白日见参辰，三更见日头……不仅对坚贞专一的爱情幸福的追求是如出一辙的，并且连续用多种不可能来说明一种不可能的艺术构思也是完全相同的。

“当山峰没有棱角的时候，当河水不再流，当时间停住日月不分，当天地万物化为虚有，我还是不能和你分手，不能和你分手。你的温柔是我今生最大的守候。当太阳不再上升的时候，当地球不再转动，当春夏秋冬不再变换，当花草树木全部凋残，我还是不能和你分散，不能和你分散，你的笑容是我今生最大的眷恋……”

我们熟悉的电视剧《还珠格格》中的《当》这首歌，正是从《上邪》这首诗化来的！

“四季可以安排得极为黯淡，如果太阳愿意。人生可以安排得极为寂寞，如果爱情愿意。我可以永不再出现，如果你愿意。除了对你的思念，亲爱的朋友，我一无长物。然而，如果你愿意，我将立即使思念枯萎、断落。如果你愿意，我将把每一粒种子都掘起，把每一条河流都切断，让荒芜干涸延伸到无穷远。今生今世，永不再将你想起……”

当代诗人席慕蓉的这首《如果》中把种子都掘起，河流都切断，也是不可能的，所以也是同一手法表达了不可绝断的爱情。还有伍思凯《特别的爱给特别的你》中“我付出一生的时间想要忘记你”的话，一生时间去忘岂不是一生不忘？皆是合情不合理的真人炽语，痴人爱语！

考试链接

1. 诗中的景象有何特点？
2. 为何要虚拟这些景象？
3. 概括本诗的语言特色。

编注者：赵燕燕

【参考答案】

1. 虚幻、不可能发生。
2. 以合情不合理的手法，把“与君绝”的可能从根本上排除了，把主人公至死不渝的爱情强调得无以复加。
3. 直抒胸臆，真挚浓郁。

【元】王蒙《溪山高逸图》

宣州谢朓楼饯别[1]校书[2]叔云[3]

[唐] 李白

扫一扫，听朗读

弃我去者，昨日之日不可留；乱我心者，今日之日多烦忧。长风[4]万里送秋雁，对此[5]可以酣高楼[6]。蓬莱[7]文章建安骨[8]，中间小谢[9]又清发[10]。俱怀逸兴[11]壮思[12]飞，欲上青天览[13]明月。抽刀断水水更流，举杯消愁愁更愁。人生在世不称意[14]，明朝[15]散发[16]弄扁舟[17]。

注释

①饯别：以酒食送行。

②校书：官名，即校书郎，掌管朝廷的图书整理工作。

③叔云：李白的叔叔李云。

④长风：远风，大风。

⑤此：指上文长风秋雁的景象。

⑥酣（hān）高楼：畅饮于高楼。

⑦蓬莱：此指东汉时藏书之东观。《后汉书》卷二三《窦融列传》附窦章传是时学者称东观为老氏藏室，道家蓬莱山。

⑧建安骨：建安风骨，指刚健遒劲的诗文风格。建安，为汉献帝（196～220）的年号。汉末建安年间，“三曹”和“七子”等作家的之诗风俊朗刚健，后人称之为“建安风骨”。

⑨小谢：指谢朓，字玄晖，南朝齐诗人。后人将他和谢灵运并举，称为大谢、小谢。这里用以自喻。

⑩清发：指清新秀发的诗风。发，秀发，诗文俊逸。

⑪逸兴（xīng）：飘逸奔放的情思，多指山水游兴。

王勃《滕王阁序》："遥襟甫畅，逸兴遄飞"。

⑫壮思：壮志豪情。

⑬览：同"揽"，摘取的意思。

⑭称（chèn）意：称心如意。

⑮明朝（zhāo）：第二天早晨。

⑯散发：不束冠，意谓不做官。这里是形容狂放不羁。古人束发戴冠，散发表示闲适自在。

⑰弄扁（piān）舟：指隐逸于江湖之中。扁舟，小船。春秋末年，范蠡（lí）辞别越王勾践，"乘扁舟浮于江湖"《史记——货殖列传》。

古诗今读

曾经的辉煌都已抛弃我成为昨日，这美好而又令人充满激情的日子不能挽留，前途在何处？这一未知的问题令今天的我烦心不已，对未来的不确定使我充满担忧。浩荡不尽的长风送走了南去的大雁，带来了辽远无边的万里空阔，这是多么豪爽的风啊！内心的烦忧转眼之间便被一扫而空了。面对这样的胜景，让我们登上高楼开怀畅饮吧。我们把酒言欢，谈论友情，畅谈文学。你的文章就像汉代文学作品一般刚健清新。而我的诗风，也像谢朓那样清新秀丽。我们谈得满怀豪情，飞跃的神思像要腾空飞上高高的青天，去摘取那皎洁的明月。绵延不断的愁绪好像抽出宝刀去砍流水一样，水不但没有被斩断，反而流得更湍急了。我举起酒杯痛饮，本想借酒消去烦忧，结果反倒愁上加愁。既然人生在世如此不称心如意，那不如就退一步，明天就披散了头发，放下一切桎梏心灵的东西，远离名利场，到广阔的天地中去欣赏自然山川之美吧。

赏析要点

这首诗先写虚度光阴、报国无门的痛苦。全诗感情色彩浓烈，情绪如狂涛漫卷，笔势如天马行空。

一二句用两个极长的句子来写诗人骚动不安的心情，由此定下了全诗的感情基调。诗人将"弃我去者"和"乱我心者"突出地摆在句首，并形成了一个自然的语气停顿。而后面的"昨日之日不可留"和"今日之日多烦忧"，则用了四个重复的"日"字，造成了语言行进中的停滞，更加强了那种踟蹰彷徨、纷扰不定的心情。从意义上说，"昨日之日"中只要一个"昨日"就足矣。这两句如果写成"昨日不可留""今日多烦忧"，意思上不仅没有什么损失，反而是更近于诗的凝练了。但是，这两句却因此失去了它们特有的散文式的节奏，而这散文式的节奏在这里原是有助于传达诗人纷扰不宁的心情的。因此，从感情的表达上说，这“日”字的重复和这散文化的长句却并不是可有可无的。

三四两句突作转折：而对着寥廓明净的秋空，遥望万里长风吹送鸿雁的壮美景色，不由得激起酣饮高楼的豪情逸兴。这两句在读者面前展现出一幅壮阔明朗的万里秋空画图，也展示出诗人豪迈阔大的胸襟。从极端苦闷忽然转到朗爽壮阔的境界，仿佛变化无端，不可思议。但这正是李白之所以为李白。正因为他素怀远大的理想抱负，又长期为黑暗污浊的环境所压抑，所以时刻都向往着广大的可以自由驰骋的空间。目接“长风万里送秋雁”之境，不觉精神为之一爽，烦忧为之一扫，感到一种心、境契合的舒畅，“酣饮高楼”的豪情逸兴也就油然而生了。

五六两句承高楼饯别分写主客双方。以“建安骨”赞美李云的文章风格刚健。“中间”是指南朝；“小谢”是指谢朓，因为他在谢灵运（大谢）之后，所以称小谢。这里李白是自比小谢，流露出对自己才能的自信。

七八两句就“酣高楼”进一步渲染双方的意兴。说彼此都怀有豪情逸兴、雄心壮志，酒酣兴发，更是飘然欲飞，想登上青天揽取明月。前面方写晴昼秋空，这里却说到“明月”，可见后者当非实景。“欲上”云云，也说明这是诗人酒酣兴发时的豪语。豪放与天真，在这里得到了和谐的统一。这正是李白的性格。这飞动健举的形象却让我们分明感觉到诗人对高洁理想境界的向往追求。这两句笔酣墨饱，淋漓尽致，把面对“长风万里送秋雁”的境界所激起的昂扬情绪推向最高潮，仿佛现实中一切黑暗污浊都已一扫而光，心头的一切烦忧都已丢到了九霄云外。

九十两句是一落千丈的又一大转折。“抽刀断水水更流”的比喻是奇特而富于独创性的，同时又是自然贴切而富于生活气息的。谢朓楼前，就是终年长流的宛溪水，不尽的流水与无穷的烦忧之间本就极易产生联想，因而很自然地由排遣烦忧的强烈愿望中引发出“抽刀断水”的意念。由于比喻和眼前景的联系密切，读来便感到自然天成。尽管内心的苦闷无法排遣，但“抽刀断水”这个细节却生动地显示出诗人力图摆脱精神苦闷的要求，这就和沉溺于苦闷而不能自拔者有明显区别。“举杯”一句则道出了他不能解脱，只能愁上加愁的不得志的苦闷心情，同时也抒发了离别的悲伤。

最后两句写出理想与现实的矛盾及解脱之道。在当时历史条件下，这种矛盾是无法解决的，因此，李白总是陷于“不称意”的苦闷中，而且只能找到“散发弄扁舟”这样一条摆脱苦闷的出路。这结论当然不免有些消极，甚至包含着逃避现实的成分。一个“弄”字，非常传神，不仅仅是玩弄，而且有欣赏的意味，蕴含着无目的、无心、无忧无虑的意思。结尾言有尽而意无穷，让读者在无言中享受回味。

从创作角度看，作者的思绪从极端郁闷转入极端潇洒，从极端紧张转入极端放松。全诗大起大落，一波三折，通篇在悲愤之中又贯穿着一种慷慨豪迈的激情，显出诗人雄壮豪放的气概。从全篇来看，篇末的四句可以说是一个大的跳跃与转折。但是，这却并非劈空而来，而是与开篇的那种不平和惶惑的感情基调一脉相承的。作品前后呼应，似乎走完了一段心路的历程，重新回到它最初的起点。诗歌的感情基调贯穿终始，从而保持了作品的内在统一性。除此之外，通篇淋漓尽致的抒情，散文化的笔法，也给作品带来了通畅而奔放的气势。因此，尽管大起大落，大开大阖，却总是笔断而气不断，腾踔跳跃而又融洽自如。

作者掠影

李白（701～762），字太白，号青莲居士，唐朝浪漫主义诗人，被后人誉为“诗仙”。与杜甫并称为“李杜”。祖籍陇西成纪，出生于西域碎叶城，4岁再随父迁至剑南道绵州。李白存世诗文千余篇，有《李太白集》传世。762年病逝，享年61岁。其墓在今安徽当涂，四川江油、湖北安陆有纪念馆。

其人爽朗大方，爱饮酒作诗，喜交友。李白深受黄老列庄思想影响，有《李太白集》传世，诗作中多以醉时写的，代表作有《望庐山瀑布》《行路难》《蜀道难》《将进酒》《梁甫吟》《早发白帝城》等多首。

延伸阅读

盛世承平下的孤独者

清代诗评家赵翼说：“国家不幸诗家幸，赋到沧桑句便工。”那么，国家“幸”的时候，即天下一统，承平盛世的时候，诗歌该“幸”还是不该“幸”？再细究一下，心怀壮志，渴望建功立业而又生活于承平时代的人是“幸”还是“不幸”？

李白不可能超越他自己生活的时代。这就决定了李白只能通过出仕才有可能实现他的“济苍生”“安社稷”的政治夙愿。

姑且不论李白是否真有治世的才能，单就承平时代而言，统治者需要的不再是敢于批龙鳞、逆龙颜的诤臣，而是善于粉饰太平，精于歌功颂德的弄臣。而李白特有的傲岸不屈的个性决定了他不可能放弃自己人格的独立、生命的尊严而成为上下专营、溜须拍马的“适应时代发展”的弄臣。

这样，无数人向往、无数人羡慕的李白生活的盛世唐朝就成了李白表面“幸”中深藏的大不幸。

李白无意用诗歌粉饰太平，却用诗歌奏出了盛世最强音，李白无意于在文坛扬名却赢得了生前生后名，李白有意于仕途却仕途不顺，“一事无成”，李白渴望受皇帝赏识成为管仲、诸葛亮一样的人，当朝的“管仲、诸葛亮”却是口蜜腹剑的李林甫、靠裙带登显位的杨国忠。

盛世唐朝容得下四海的文化，却堵死了李白一展政治才华的途路，虽然这种政治才华也可能是三流的。李白自身的大不幸成就了后世人的大幸，使后世人有幸一读太白那风格多变、自然天成的诗作，后世人的大幸却又是以李白一生的大不幸，一生的孤寂为代价换来的。面对此情此景，李白是该哭还是该笑？那后世人呢？

李白在政治活动中屡屡“失败”的命运是中国诗人两千多年集体承受悲哀的一个缩影。李白这个诗人，看来是很天真的，他一高兴起来便容易在幻想中生活了，但是幻想注定幻灭。李白本人倒是很认真的。他想做官——说的冠冕一点，就是“兼济天下”，很认真；饮酒，很认真；作诗，很认真；好神仙，也很认真。

才富而命啬，名高而运蹇，本是中国古代天才诗人们共同体验过的悲哀，而李白在政治生活中一败再败，以至身入囹圄的尤为令人唏嘘的噩运，至少部分地与他“天真”而“认真”的性格有关。认真则不甘寂寞，不甘置身国家大事之外；天真则往往眼高识暗，未能料事于前，也难能杜祸于后。

李白是一个诗人，伟大的浪漫主义诗人；他只是一个文学家，而不是政治家、思想家。他文学上是个天才（当然也有后天的努力），政治上是个低能，思想上是个杂烩。李白虽号称为“谪仙人”，其实他是个功名欲望非常强的人。

李白的一生都是在漂泊中度过的：漂泊在四川、安路和齐鲁、长安、梁园和金陵，浔阳、江夏、和当涂以及全国各地之间。李白的一生也是在游侠、学道和从政的矛盾中度过的：在野的李白想在朝，在朝的李白却想在野。在他政治的热心上升时，他就放弃了学道；在他政治上失败时，他就又想学仙；自然，他最后是两无所成，那就只有吃酒了。其实剑和酒也是贯穿李白一生的。诗人在政治上，南辕北辙；但在诗歌创作上，却是铁树开花。

在人间热烈地追求了一生的李白终于寂寞地离开了！曾经的理想和壮志，却换来了空虚与渺茫，诗人之成为诗人固然确定了，事业终于陷在模糊的幻灭中了。李白在事业上想追踪鲁仲连，结果并没能如鲁仲连那样得意，但他在文学上称赞谢朓，造诣却超过了谢朓万万了！

诗人生前一直在漂泊，死后也算得到归宿。是从政和学道让诗人漂泊，是诗歌让诗人找到归宿。做宰相或成仙，本来是诗人的目的，诗只是手段；但结果却正好相反，目的成了手段，手段成了目的。剑也好，酒也好，仙也罢，官也罢，诗人一生都在追求；诗，才是诗人最终的归宿。“酒入豪肠，七分酿成了月光，余下的三分啸成剑气，绣口一吐就半个盛唐。”（余光中《寻李白》）这就是为中国人民热爱的诗人李白的一生。

考试链接

1. 对这首诗的赏析不正确的一项是（　　）

A. 一、二两句蕴含了作者对时光飞逝，功业难成的精神苦闷，也饱含着诗人对污浊的政治现实的感受。

B. 三、四两句读者面前展现出一幅壮阔明朗的万里秋空图画，也展示出诗人豪迈阔大的胸襟。

C. 五、六两句，上句赞美李云的风格刚健，下句自比小谢，流露出对自己才能的自信。

D. 最后两句写作者在精神上遭受重压之后，放弃对进步理想的追求，显示出逃避现实的消极色彩。

2. 简要谈谈你对“人生在世不称意，明朝散发弄扁舟”一句的理解和看法。

3. 赏析“抽刀断水水更流，举杯消愁愁更愁”这一千古名句。

编注者：王　宾

【参考答案】

1. D
2. 表明作者对现实的不满，从而寄情山水，超脱尘世的豁达胸襟，但也表现了作者逃避现实的消极悲观的思想。
3. 巧用比喻，将“举杯消愁愁更愁”比作“抽刀断水水更流”，生动形象地写出了用饮酒取醉的办法去解除忧愁，结果内心更加愁苦，愤懑，就像用刀切断水流，结果水反而流的更急。抒发了诗人虚度光阴、壮志难酬、报国无门的愁绪之浓，似水难断。

傅抱石 《李太白像轴》

行　路　难①（其一）

［唐］李白

扫一扫，听朗读

金樽②清酒斗十千③，玉盘④珍羞⑤直万钱。停杯投箸⑥不能食，拔剑四顾心茫然。欲渡黄河冰塞川，将登太行⑦雪满山。闲来垂钓碧溪⑧上，忽复乘舟梦日边⑨。行路难！行路难！多歧路，今安在？长风破浪⑩会有时，直挂云帆⑪济⑫沧海⑬。

注释

①行路难：乐府歌辞之一。原诗有三首，这是第一首。

②金樽（zūn）：金酒杯。

③斗（dǒu）十千：一斗酒值十千钱。

④玉盘：玉制的盘子。

⑤珍羞：精美的食品。羞，同“馐”。直，同“值”。

⑥箸（zhù）：筷子。

⑦太行（háng）：山名，位于山西河北交界处。

⑧垂钓碧溪：据《史记·齐太公世家》载，吕尚（姜太公）曾在渭水边垂钓，后来遇到周文王，被重用。

⑨乘舟梦日边：传说伊尹在受成汤重用之前，曾梦见自己乘船经过日月旁边。

⑩长风破浪：比喻远大抱负得以实现。

⑪云帆：像白云一样的船帆。

⑫济：渡过。

⑬沧海：大海。

古诗今读

金杯里装的名酒，每斗要价十千钱；玉盘中盛的精美肴菜，收费万钱。胸中郁闷，我停杯投箸吃不下饭；拔剑环顾四周，心里委实茫然。想渡过黄河，冰雪堵塞了大川；想登太行，莽莽的风雪早已封山。像吕尚垂钓，等待东山再起；又像伊尹做梦，他乘船经过日边。世上行路多么艰难，多么艰难；眼前歧路这么多，我该去向何方？相信总有一天，能乘长风破万里浪；高高挂起云帆，在沧海中勇往直前！

赏析要点

本诗是以作者的感情变化来安排结构层次的。第一层是前四句。显示了作者遭到排挤后的苦闷，悲愤心情。五六句是第二层，以自然环境的险恶，来比喻自己人生道路的艰难。七八句为第三层，借吕尚、伊尹的故事，来劝慰鼓励自己，心情由苦闷转为开朗。九十两句为第四层，由幻想回到现实，再次显现了诗人心中的苦闷与激愤。最后两句为第五层，表达了诗人对美好理想的追求和乐观进取的情怀。

“停杯投箸不能食，拔剑四顾心茫然”：借举止抒情，描写自己面对美酒佳肴，不能进食，这里诗人连用四个动词，以两个连续动作，借行为举止抒情，真实地刻画出诗人抑郁悲愤的心情。

“欲渡黄河冰塞川，将登太行雪满山”：借象征抒情，采用比兴的表现手法。“冰塞川”“雪满山”以自然景物的艰险，比喻自己仕途的艰难。

“闲来垂钓碧溪上，忽复乘舟梦日边”：借典故抒情，借吕尚、伊尹被明君重用的故事，增强了信心，在茫茫前途中看到了希望，表达了对前途的信心，激励自己终究会有实现理想之日。

“行路难！行路难！多歧路，今安在？”四个三字句，以咏叹的形式，再次抒发人生艰难，内心愤懑之情，回到现实。

“长风破浪会有时，直挂云帆济沧海”：表达了对理想的执着追求和坚定信念，表达了诗人乐观的心态。

作者掠影

李白（701～762），字太白，号青莲居士，又号谪仙人，是唐代伟大的浪漫主义诗人，被后人誉为“诗仙”。后世将李白与杜甫并称为“李杜”。李白的诗以抒情为主，善于从民歌、神话中汲取营养素材，构成其特有的瑰丽绚烂的色彩，是屈原以后中国最为杰出的浪漫主义诗人，代表中国古典积极浪漫主义诗歌的新高峰。李白存世诗文千余篇，有《李太白集》传世。李白生活在盛唐时期，二十五岁时只身出蜀，开始了广泛漫游生活，天宝元年李白被召至长安，供奉翰林，后因不能见容于权贵，在京仅两年半，就赐金放还而去，然后由高天师如贵道士授录济南的道观紫极宫，成为一个真正的道士。其诗歌总体风格豪放俊逸，清新飘逸，气势磅礴，大气十足。它们既反映了时代的繁荣景象，也揭露了统治阶级的荒淫和腐败，表现出蔑视权贵，反抗传统束缚，追求自由和理想的积极精神，并具有浪漫主义精神。

他的一生，绝大部分在漫游中度过。天宝元年，因道士吴筠的推荐，被召至长安，供奉翰林。文章风采，名动一时，颇为玄宗所赏识。后因不能见容于权贵，在京仅三年，就弃官而去，仍然继续他那飘荡四方的流浪生活。安史之乱发生的第二年，他感愤时艰，曾参加了永王李璘的幕府。不幸，永王与肃宗发生了争夺帝位的斗争，兵败之后，李白受牵累，流放夜郎，途中遇赦。晚年漂泊东南一带，依当涂县令李阳冰，不久即病卒。

李白的诗以抒情为主。屈原而后，他第一个真正能够广泛地从当时的民间文艺和秦、汉、魏以来的乐府民歌吸取其丰富营养，集中提高而形成他的独特风貌。他具有超异寻常的艺术天才和磅礴雄伟的艺术力量。一切可惊可喜、令人兴奋、发人深思的现象，无不尽归笔底。杜甫有“笔落惊风雨，诗成泣鬼神”（《寄李十二白二十韵》）之评，是屈原之后中国最为杰出的浪漫主义诗人。

延伸阅读

追寻李白

冰梅

是谁，且行且唱，在红尘中吟诵生命的乐章；是谁，亦痴亦狂，在山水间醉看人世的沧桑。是谁，绣口一吐就是半个盛唐；是谁，酒壶一斟就诗意芬芳……

是你，李白——一个惊天动地的名字，你曾是“黄河之水天上来”，阴山动，龙门开，惊涛拍岸，豪情满怀……

“李白斗酒诗百篇，长安市里酒家眠。天子呼来不上船，自称臣是酒中仙。”——好一个酒中仙，李白，你仗诗走天涯，饮酒闯天下，你是“盛唐诗酒无双士，青莲文苑第一家。”你的豪放旷达无人能及，你的飞逸潇洒无人能比，一挥宽舒袂袖即成一派猛浪洪流。你“醉看风落帽，舞爱月留人。”你穿越时空隧道，跨过历史长河，让万众瞩目，世代颂扬！

李白，你道“行路难”却一直在走，走着笑看红尘，走着辞别故友。一壶浊酒，歌遍山河八万里；一叶轻舟，“唯见长江天际流。”翰林遭贬，你“仰天大笑出门去，我辈岂是蓬蒿人，”流放夜郎，你“凤歌笑孔丘，一生好入名山游。”

李白，你是中国诗人队伍里的游侠，横扫中原山水大地，狂飙突进，于是，洞庭烟波，赤壁风云，蜀道猿啼，浩荡江河，豪气纵横，灵动飞扬。你一扫世俗的尘埃，“拨云寻古道，倚树听流泉，”看“明月出天山，苍茫云海间，”望“众鸟高飞尽，孤云独去闲……”

李白，你写山水幽静安谧，道江河奔腾不息，万千景象，浑然天成。“兴酣落笔摇五岳，诗成笑傲凌沧洲！”

李白，你豪情入九霄，“俱怀逸兴壮思飞，欲上青天揽明月，”你凌云抒壮志，“大鹏一日同风起，扶摇直上九万里，”你信念超自我，“长风破浪会有时，直挂云帆济沧海，”你一句“天生我材必有用，千金散尽还复来，”曾激励多少仁人志士信心百倍，你一句“安能摧眉折腰事权贵，使我不得开心颜，”曾觉醒多少弱者懦夫挺起脊梁，你“笔落惊风雨，诗成泣鬼神！”你雄奇飘逸、狂放不羁的诗风谱写了一曲浪漫主义的长歌！

李白，你没有金戈铁马，也没有锦囊妙计，可你有一腔热血，满腹经纶，你胸怀天下，光耀日月！你“口吐天上文，迹作人间客！”

你重返鲁地，寻幽豪饮，南下吴越，梦游天姥，你顺滚滚东逝长江水一路走来，穿巴峡巫峡，过洞庭扬州，醉酒入长安，挥毫泼墨，金銮殿上故作狂态——让力士脱靴，贵妃捧砚，御史调羹，嘲尽天下豪贵，阅尽人间风流。

李白，你以白鹿为伴，以美酒为友，以山水为家，不为世俗所累，“宁为玉碎，不为瓦全！”“乍向草中耿介死，不求黄金笼中生！”——铮铮铁骨，铸就莽莽华章；诤诤雄辩，垂留湛湛青史！

李白，你任秋风荡涤心胸，随月辉起舞弄影。你将儒、仙、道、侠多种精神合为一体，既吸收了老子庄子的道家出世思想，又接受了儒家代表学说的“穷则独善其身，达则兼济天下”的思想精髓。李白，你不是用笔在写，而是用心在作。你吟出了斗志，写出了气魄！

李白，你天籁般的诗文，凝练精粹，昂扬奔放，气脉贯通，浑然一体。阅，赏心悦目；读，朗朗上口；吟，口齿生香；诵，心领神会；品，养性怡情……内凝豪情和力量，外御俗念与污浊，渐养浩然正气，顿生意气风发！

李白，民间传说，你是“捉月落水”而亡，让你的离去都那么与众不同，充满才情的朦胧，诗意的迷离……

拉开历史的帷幕，筝鸣瑟幽，“月随碧山转，水合青山流。”拨开层层云雾，划去重重硝烟，看，道骨仙风的李太白着一袭青灰色的道袍悠然走来，须发悠悠，道袍飘飘，寻寻觅觅的目光，是在寻找那“孤帆一片日边来”的孤帆？还是觅览“燕山雪花大如席”的轩辕台？骊山脚下的华清行宫哪里去了？唐太宗送给贵妃的豪华宫殿挥手之间怎么变成了马嵬坡前的一段白绫？凄凄然，悲悲戚！唉！李白，你是在叹息江山易主社稷沉沦？还是在哀怜红颜薄命香消玉殒……

滚滚长江东逝水，浪花淘尽英雄，是非成败转头空，青山依旧在。几度夕阳红，世代轮回灭又生，惯看秋月春风！一壶浊酒洒人生，诗卷留香千古颂！

岁月如风，淡漠了浮华，吹落了曾经。

当大唐的瓦当不再锃亮，当歌舞升平的霓裳不再绮丽，昨日的繁华渐渐退去，李白，一个永垂不朽的名字，似一颗璀璨的明珠镶嵌在历史的天空，与日月同辉，和山河同在！

李白，你的名字历久弥新，你的业绩彪炳千秋！

考试链接

1. 以下对诗歌的理解有误的一项是（　　）

A. 诗的开头两句以夸张的笔法，营造了欢乐的宴饮气氛，体现了诗人愉悦的心情。

B. 诗中以“欲渡黄河冰塞川，将登太行雪满山”来比喻人生道路中的艰难险阻。

C. 诗中运用典故，含蓄地表达了诗人盼望得到朝廷重用的心理。

D. 诗的最后两句写出了诗人坚信远大的抱负必能实现的豪迈气概。

2. “闲来垂钓碧溪上，忽复乘舟梦日边”表达了作者怎样的思想感情?

3. 分析最后两句诗中的“破”“挂”妙在何处。

编注者：刘习枝

【参考答案】

1. C
2. 对被重新任用有所期待，对未来仍抱有希望。
3. “破”“挂”富有动感、充满气势，充分表达了作者的乐观、自信和对理想的执著追求。

【清】姚燮《玉茗堂词》

【清】姚燮《玉茗堂词》局部

扫一扫，听朗读

相见欢

[五代] 李煜

无言独上西楼，月如钩。寂寞梧桐深院锁清秋[①]。剪不断，理还乱，是离愁[②]，别是一般[③]滋味在心头。

注释

①锁清秋：深深被秋色所笼罩。

②离愁：指去国之愁。

③别是一般：另有一种意味。一般，指一种。

古词今读

秋夜萧瑟之中，（我）默默无语，孤零零一人登上西楼。抬头望天，冷月如钩，勾起了无限离愁；低头望地，庭院幽深，梧桐寂寞，这一切都笼罩在清冷凄凉的秋色之中。离愁呀，想剪断，却怎么也剪不断，理理吧，却更加杂乱。这样的满腹愁苦而今缠绕在心头上，却又是另一种不同的滋味。

赏析要点

词的上阕通过构造自然之境，渲染出一种凄凉的意境，残月、梧桐、深院、清秋，这些意象反映出词人内心的孤寂。下阕词人以丝喻愁，将内心的愁苦与悲伤渲染得丝丝入扣，跌宕起伏。

“无言独上西楼，月如钩。”呈现在读者面前的是一幅栩栩如生的画面。秋天清冷的夜空，弯月如钩，定格的静态画面传达出一种凄凉与残缺的意境，引人遐思。然后视角转移，词人默默无语孤身登楼。因为情绪低落，他愁容满面，佝偻着背，微微叹息。当他望见那轮残月的时候，更勾起了离乡去国的离愁别恨。

“寂寞梧桐深院锁清秋。”寥寥九字，写尽寂寞。秋夜萧瑟，残叶飘零，词人孤魂落魄，眼中所见皆是寂寞。梧桐也寂寞，深院也寂寞，真不知是寂寞“锁”住了清秋，还是清秋“锁”住了寂寞？

“剪不断，理还乱，是离愁，”深切地表达了词人难以言喻的愁绪，这种愁绪时时萦绕词人心头，真想挥刀斩断它，却难以斩断；那么干脆理出个头绪吧，无奈是越理越乱。这诸多的烦闷愁苦让词人饱受折磨，难以排遣。下阕不同于词的上阕，着重描写意象，突出意境，渲染词人的强烈情感。三字成行，似断似续，表达了词人难以言喻的悲愤和苦楚。

“别是一般滋味在心头。”纵然有满腹的委屈、痛苦、哀愁，却难以像常人一般毫无顾忌地倾诉，唯有哽咽于心头，独受煎熬。“别是一般滋味”是何种滋味？是思、是苦、是悔、还是恨……词人自己也难以说清，常人更是体会不到。“别是一般滋味”是一种说不清、道不明、难以形容的愁滋味。这种无言的哀伤更胜过痛哭流涕之悲。

作者掠影

李煜（937~978），南唐著名词人。南唐中主李璟第六子，生于南唐盛世，曾为南唐皇帝，世称李后主。后来宋太祖赵匡胤统一中国，李煜沦为国破家亡的降臣。在宋时都城东京（今开封），他的一举一动都受到宋朝的监视，完全丧失了自由。后因作感怀故国的名词《虞美人》而被宋太宗赐药毒死。

在沦为阶下囚期间，李煜从至高无上的皇帝沦落为人见人轻的俘虏，这种遭遇不是一般词人能经历的。在这种如若天渊的对比中，李煜心中郁结的悲痛愁恨不胜之多。生活凄苦的李后主，把思国之情、亡国之恨，全都倾注在一首首诗词之中，他的诗词也达到了一个更新、更高的境界，比如千古杰作《虞美人》《浪淘沙》《相见欢》等。在政治上失败的李煜，却在词坛上留下了不朽的篇章，被后人尊为“千古词帝”。

延伸阅读

李煜和纳兰容若相似之处

李煜和纳兰容若都是才子，一个是偏安一隅的没落国君，一个是身居华林的王孙公子。尽管生活经历不同，他们的精神气质却有着惊人的相似。读他们的词，你会感觉到朴素自然中饱含的挚意深情。因为，无论是李煜，还是纳兰容若都极重感情，极讲义气，无论是对兄弟朋友还是对闺中伴侣都是“竭其忠诚，沥其肝胆”。

但是，他们的一生无疑是悲剧的一生。李煜毫无治国之才，却担负国家重任，在库藏空竭、国势危殆之时，日常生活仍然穷奢极欲，最终导致国破家亡，被俘三年就客死他乡——而实际上是被宋太祖赵匡胤以毒药赐死。纳兰容若本是一位贵胄公子，身居华林而独被悲凉之雾。当了康熙的侍卫，深以为苦，惴惴有临履之忧。或许素来“才子佳人俱命薄”，李煜在体验了人生的悲欢之后便被迫以最痛苦的方式结束 41 岁的生命；而一生都在追求青春与爱情的纳兰容若仅活到 31 岁，来到世间更是惊鸿一瞥。但是，正是他们一生无悔的追求，使他们的人生悲剧显得更为浓重，其人格力量也就更加震撼人心。

从他们两人一生的事迹看来，似乎都有一段美好的时光，但随着理想的破灭，两人都陷入了苦闷和悲哀。对于李煜来说，昔日的豪华生活、手足情深、儿女情长，都一去不返，但他不能忘掉，于是留恋之余发出“人生愁恨何能免”“自是人生长恨水长东”的慨叹。环境和身份的剧变，极为深刻地影响了李煜的思想和性格，他悔恨、怨痛、挣扎——内心极其矛盾。而对于纳兰容若而言，自爱妻离去之后，更是发出“人生若只如初见，何事秋风悲画扇”的慨叹，其留恋难忘过去的情怀可见一斑。康熙二十四年暮春，纳兰容若抱病与好友一聚，一醉一咏三叹，而后一病不起，不久便溘然长逝。

“千红一窟，万艳同杯”，李后主和纳兰容若一生的追求及为此付出的代价令人荡气回肠。他们的精神世界是那么纯真无邪，又是那么忧虑和孤独，他们对后人的影响太深太深。而人们钦慕他们，欣赏他们，热爱他们，亦足以体现他们人格力量的强大。

考试链接

1. 对这首词赏析有误的一项是（　　）

A. 起句“无言独上西楼”，绘尽孤独之韵。“无言者”，并非无语可诉，而是无人共语。

B. “寂寞梧桐深院锁清秋”，只是写出了梧桐深院的清冷秋景。

C. “别是一般滋味在心头”表现了对“离愁”的滋味讲不出，说不清的极其复杂的内心感受。

2. 赏析“月如钩”中“钩”字的妙处？

3．“剪不断，理还乱”以丝喻愁，写出了离愁的什么特点？

编注者：林新杰

【参考答案】

1. B　题目的要求是赏析有误的一项，万不可理解成正确的一项。再看B项所言，“只是写出了梧桐深院的清冷秋景”，显然过于片面。这句词不仅仅写出满院清秋冷景，更有落魄的人、孤寂的心、思乡的情、亡国的恨。
2. 运用比喻，形象地将残月比作玉钩，渲染孤寂凄清的环境。“钩”谐音“勾”，勾起词人离恨，为下阙直抒胸意铺垫蓄势。
3. “剪不断”写出了离愁繁多和绵长的特点；“理还乱”写出离愁纷繁杂乱，难以理清的特点。

[清] 唐岱、沈源、冷枚等 《圆明园四十景图（之〈正大光明〉）》

山坡羊·潼关怀古[1]

［元］张养浩

扫一扫，听朗读

峰峦如聚[2]，波涛如怒[3]，山河表里潼关路。望西都[4]，意踌躇[5]。伤心[6]秦汉经行处[7]，宫阙[8]万间都做了土。兴[9]，百姓苦；亡，百姓苦。

注释

①山坡羊：曲牌名，“潼关怀古”是标题。

②峰峦如聚：形容群峰攒集，层峦叠嶂。聚：聚拢，包围。

③波涛如怒：形容黄河波涛的汹涌澎湃。怒：指波涛汹涌。

④西都：指长安（今陕西西安）。这是泛指秦汉以来在长安附近所建的都城。秦、西汉建都长安，东汉建都洛阳，因此称洛阳为东都，长安为西都。

⑤踌躇：犹豫、徘徊不定，心事重重，此处形容思潮起伏，感慨万端陷入沉思，表示心里不平静。

⑥伤心：令人伤心的事，形容词作动词。

⑦经行处，经过的地方，指秦汉故都遗址。

⑧宫阙：宫，宫殿；阙，皇宫门前面两边的楼观。

⑨兴：指政权的统治稳固。

古曲今读

站在雄伟险要的潼关要塞的山道上，眼前是华山群峰，从四面八方会聚，脚下是黄河波涛，像发怒似的汹涌。遥望潼关以西三百里，便是古都长安，思绪起起伏伏。途经秦汉旧地，一时引发无限伤感。多少帝王将相、英雄豪杰曾在这里龙争虎斗，威震一时。现在，一座座巍峨壮观、富丽堂皇的宫殿早已化作了尘土。真是一朝兴盛，百姓受苦；一朝灭亡，百姓依旧受苦！（我是因为“宫阙万间都做了土”而伤心吗？不，我最伤心的是历代人民！无论秦汉，无论隋唐，尽管改朝换代，人民的苦难却从来没有消除过啊！）

赏析要点

这首篇幅小、容量大的曲子，乃是观物写景之杰作，将思想性和艺术性融为一体。景中藏情，情中有景，情景交融。从结构上看，分写景、怀古、议论三个部分。在写法上，全曲采用的是层层深入、篇末点题的方式，由写景而怀古，再引发议论，将苍茫的景色、深沉的情感和精彩的议论三者完美结合，具有强烈的感染力，字里行间充满着历史的沧桑感和时代感，既有怀古诗的特色，又有与众不同的沉郁风格。作者以饱含血泪的语言，揭示了在封建社会中，人民群众永远处于受压迫受剥削的悲惨命运，这是对历代封建统治者的严厉谴责！诗歌中所表现出来的作者深沉的忧国忧民的真挚感情，深深地打动了千万读者的心。

前三句写登临潼关所见，由远至近，既是写景也是抒情，含蓄地表达了心中波澜起伏的情感，并运用拟人化的手法写景，意在突出潼关地势的险要。

中间四句是怀古抒情，寓情于景，触景生情，以潼关作为历史的见证者，意在感叹历代王朝的兴亡。

最后两句是议论，宫阙毁时，战火遍地、生灵涂炭，百姓自然是苦；王朝兴时，重建宫殿，大兴土木，百姓依然是苦。王朝兴废更迭，你方唱罢我登场，而百姓之苦却依然如故，这便是历史。作者发出了一声沉甸甸的“兴，百姓苦；亡，百姓苦”的千古奇叹。这“苦”是辛苦、痛苦、疾苦，这是精神上、肉体上的“苦”，怎一个“苦”字了得？这样的议论性结尾，实在发人深思！

作者掠影

张养浩（1270～1329），元代著名政治家，文学家。字希孟，号云庄，又称齐东野人，济南（今山东省济南市）人，代表作品有《三事忠告》（《牧民忠告》《风宪忠告》《庙堂忠告》），散曲《山坡羊·潼关怀古》等。天历二年（1329年），关中大旱，出任陕西行台中丞。是年，积劳成疾，逝世于任上。享年60岁。

延伸阅读

元代著名文人张养浩

元代一朝，文学家的命运大多悲惨。原本的“学而优则仕”，被蒙古人高高在上的等级制所取代，科举考试一度停废，文人即便有幸进入朝堂，也没什么实权。即便如此，还是有不少文人为报国而尝试。散曲名家张养浩就写过《为政忠告》，其中有一句：“入则恳恳以尽忠，出则谦谦以自悔。”这既是张养浩对为政者的忠告，也是他毕生践行的座右铭。

张养浩的家族曾十分显赫，他的祖先是唐朝名相张九龄的弟弟张九皋。只不过，随着时光的推移，家道逐渐衰落，到张养浩的祖父那一代时，家中吃饭都成了问题。好在张养浩的父亲张郁善经营，不到 20 岁就奔走于京师和江淮之间，经商致富。张郁很有眼光，虽然元朝早已停废科举，可他并没有迷惑于经商所带来的巨大利益，选择了让儿子读书。

张养浩深受父亲的影响，读书非常刻苦，“年方十岁，读书不辍”。张养浩曾有两个哥哥，可都不幸夭折，他成了父母唯一的寄托，看到他一天到晚不停地读书，父母担心他太过用功，累坏身体，便禁止他夜间读书。可张养浩白天默默地背诵，到了夜晚就关上房门，点上灯，偷偷地诵读。天资聪颖，加上勤奋刻苦，使张养浩很小就工于诗书，在当地享有文名。19 岁那年，他游览济南的白云楼，登楼远眺，不禁浮想联翩，写下了才气横溢、豪宕凌厉的《白云楼赋》，其中写道：“吁其高哉！兹楼之有如此兮，括万象于鸿敞，飞四阿于宏冥……我来宣郁一登眺兮，众山故为出奇秀。”这首赋写得文笔奇丽、意境恢宏，被时人称赞为“只余一赋千金值，零落齐州白云楼”，一时争相传诵。山东按察使焦遂读到后，赞叹不已，推荐他为东平（今山东省泰安市东平县）学正，相当于教育局局长。

天历二年（1329 年），关中大旱，饥民相食，朝廷召其为陕西行台中丞，前往赈灾。年近六旬的张养浩不再推辞，断然“散其家之所有”，登车就道，星夜奔赴任所。

临行前，年迈的母亲拉着他的手说：“我都快 80 岁了，你的年纪也这么大了，此别之后，恐怕就再也不能见面了吧。”张养浩不禁为之垂泪，然而自古忠孝难以两全，他还是义无反顾地上路了。此次出仕，并不是为了做官，而是为了救民于水火，用他的话说“无多惭，此心非为官”。

张养浩经洛阳、渑池、潼关，直奔长安。一路上饥民遍野，饿殍满路，张养浩满怀同情地写下了《哀流民操》：“哀哉流民！为鬼非鬼，为人非人。哀哉流民！男子无缊袍，妇女无完裙。哀哉流民！剥树食其皮，掘草食其根……”他一边走，一边“遇饿者则赈之，死者则葬之”，未到任所，便投入救灾之中。

张养浩一面鼓励富人出粮救济，一面上奏朝廷，建议施行特殊之法，即交纳粮食就可以授予官职。只要能使灾民得到更快更多的救济，“凡所以利民者，无所不用其至”。他工作起来十分玩命，“到官四月，未尝家居，止宿公署，夜则祷于天，昼则出赈饥民，终日无少怠。”也就是说，4 个多月没回家住过一天，夜里就在公署里住，白天外出赈灾，路上碰到饥民一定亲自询问，碰到流民一定详细探问，晚上回去，则为民祈祷，恨不得把野草都变成粟米，河沙都化作金珠，没有一刻放松的时候。

不幸的是，繁重的救灾工作让张养浩身心俱疲，短短数月，他便“得疾不起”，病逝于赈灾的岗位上，享年 60 岁。

考试链接

1. 体会“聚”“怒”二字在曲中的妙处。

2. 联系全文，说说作者为什么而“伤心”。

3. 末句是全曲主旨句，它表达了作者什么情感？

编注者：贾永峰

【参考答案】

1. 以“聚”形容潼关在重重山峦包围中，以“怒”形容黄河之水的奔腾澎湃，从视听两方面写出了潼关的险要，烘托了作者吊古伤今的悲愤伤感之情。
2. 由“兴，百姓苦；亡，百姓苦”可知是为古往今来的老百姓伤心。
3. 表现了作者对封建统治阶级的痛恨及对劳苦人民的深切同情。

[明] 陈洪绶 《隐居十六观图册》之《缥香图》

醉花阴

[宋] 李清照

扫一扫，听朗读

薄雾浓云愁永昼[①]，瑞脑[②]消金兽[③]。佳节又重阳，玉枕纱厨[④]，半夜凉初透。

东篱[⑤]把酒黄昏后，有暗香[⑥]盈袖。莫道不消魂[⑦]，帘卷西风[⑧]，人比黄花[⑨]瘦。

注释

①永昼：漫长的白天。
②瑞脑：一种香料，俗称冰片。
③金兽：兽形的铜香炉。
④纱厨：纱帐。
⑤东篱：泛指采菊之地，取自陶渊明《饮酒》诗："采菊东篱下。"
⑥暗香：这里指菊花的幽香。古诗《庭中有奇树》："攀条折其荣，将以遗所思。馨香盈怀袖，路远莫致之"这里用其意。
⑦消魂：形容极度忧愁、悲伤。
⑧西风：秋风。
⑨黄花：菊花。

古词今读

薄雾弥漫，云层浓密，日子过得愁烦，龙脑香在金兽香炉中缭袅。又到了重阳佳节，卧在玉枕纱帐中，半夜的凉气刚将全身浸透。

在东篱边饮酒直到黄昏以后，淡淡的黄菊清香溢满双袖。莫要说清秋不让人伤神，西风卷起珠帘，帘内的人儿比那黄花更加消瘦。

赏析要点

这首词写重阳佳节时词人对丈夫的怀念，是一首相思之作。

词的上半部分写别愁。起首两句写重阳佳节的百无聊赖，连香炉也懒得管，任它自行消尽。“愁”字点题，给全词奠定了情感基调。随后三句写重阳节晚上词人的情态：她辗转反侧，无法入眠，这都是离愁使然。“凉初透”，意境萧疏，给人以凄凉之感。词人以乐景写哀情，以佳节衬托离愁，含蓄蕴藉，手法高妙。这一片短短五句，将一个思妇愁绪满怀的神态描绘得呼之欲出，堪称妙笔生花。

词的下半部分写词人赏菊的情景。“东篱”两句，看似飘逸洒脱、陶然自乐，可如此美景，如果只有一人独赏，那就不免反过来让人生愁了，这是典型的以乐景写哀情。“莫道”三句，来得突兀，三句各成一层，一层紧扣一层：“不消魂”是一处转折，承上启下，使重阳佳节平添一股凄凉之意；结尾“人比黄花瘦”，突出离愁之深重。这三句生动、传神，营造出一个幽寂、凄迷的艺术境界。词人以花写人，虽不免有夸张之嫌，但精妙、妥帖，堪称妙笔。“瘦”字一语双关，兼写人和花，两者有机结合，以无限哀愁为溶剂，新奇别致。

这首词从内容上说并不是很丰富，但这丝毫不影响它的艺术性。词人层层渲染，通过对秋景和生活环境的描绘，委婉地表达出对丈夫的相思之情和与丈夫分离的深切痛楚。夸张和比喻手法的运用，更把一个因相思而憔悴的妇女形象描绘得栩栩如生，结尾含蓄深沉，言有尽而意无穷。

作者掠影

李清照（1084～1155），宋代（南北宋之交）女词人。号易安居士，山东省济南章丘人。婉约词派代表，有“千古第一才女”之称。所作词，前期多写其悠闲生活，后期多悲叹身世，情调感伤。形式上善用白描手法，自辟途径，语言清丽。论词强调协律，崇尚典雅，提出词“别是一家”之说，反对以做诗文之法作词。能诗，留存不多，部分篇章感时咏史，情辞慷慨，与其词风不同。有《易安居士文集》《易安词》，已散佚。后人有《漱玉词》辑本。今有《李清照集校注》。

延伸阅读

相同的意象，不同的意境
——《醉花阴》与《声声慢》对比阅读

《醉花阴》与《声声慢》分别是李清照早年和晚年的代表作，分别代表了词人不同时期的思想情感。《醉花阴》是李清照早期南渡前所作，抒发的是贵族少妇的闲愁；《声声慢》是她在国破家亡情况下的晚年之作，是凄苦孤寂生活的淋漓体现。在《醉花阴》和《声声慢》中，出现了许多相同的具体意象及抽象意象，如“愁”“寒”“酒”“黄花”“黑”“黄昏”，但传递出来的意境已经不同了。

以“酒”为例，《醉花阴》中的“酒”，是“东篱把酒黄昏后”，那是种豪迈的气魄，酒是锦上添花，充满了文人雅士的高洁情怀；而《声声慢》中的“酒”，却是“三杯两盏淡酒，怎敌它晚来风急”，“酒”成了借酒浇愁愁更愁的工具。再浓烈的酒也抵不过刺骨的秋风，少年人喝酒，越喝越甘洌，人到中年再喝酒，品味到的则是苦涩。

而在李清照词中常出现的意象“黄花”，两首词中传递的意境也不同。《醉花阴》中是“帘卷西风，人比黄花瘦”，字里行间透露着李清照那种得意的生活状态，宋人已经不再像唐朝那样以丰满为尚，清瘦成为女子追求的目标，作为一个幸福的少妇，李清照的“瘦”绝不是在抱怨生活条件恶劣，而是一种“少年不识愁滋味，为赋新词强说愁”的年少轻狂；而到了《声声慢》中，“黄花”已经“憔悴损，如今有谁堪摘”，当年意气风发的少年，已经成为风烛残年的老者，一地堆积的落花，怎能不让人心中生起暮年之悲。

考试链接

1. 下列赏析有误的一项是（　　）

A.“薄雾浓云愁永昼”的意思是一天从早到晚，天空都布满“薄雾浓云”，这阴沉沉的天气使人愁闷难挨。

B.“瑞脑”，一种名贵香料，“金兽”，兽形的铜香炉。“瑞脑消金兽”这句写词人优裕的生活环境与闲适心情。

C.“莫道不消魂，帘卷西风，人比黄花瘦”为全词脍炙人口的佳句，取譬喻情，含蕴丰富。

D. 此词的艺术特色之一是词人眼中所看到的

一切，无不涂上一层愁苦的感情色彩。

2. “薄雾浓云愁永昼，瑞脑销金兽”两句写了哪些景物？抒发了词人的何种感情？

3. 词中“莫道不消魂，帘卷西风，人比黄花瘦”为千古传诵的佳句。请你任选一个角度赏析这个句子。

编注者：司惠霞

【参考答案】

1. B “瑞脑消金兽”这句表现词人度日如年的煎熬和难以排遣的愁思。

2. 这两句词描写了秋日的沉雾、浓云，和静静焚燃的瑞脑新香。抒发了词人在“叶叶梧桐坠”的深秋，居寂寞孤独之中，对丈夫的思念和闺中寂寞无助的忧伤。

3. ①修辞手法：词人巧妙地将思妇与菊花相比，写出了主人公憔悴的面容和愁苦的神情。②表现手法：一边是萧瑟的秋风摇撼着羸弱的瘦菊，一边是思妇布满愁云的憔悴面容，情景交融，创设出了一种凄苦绝伦的境界。

〔明〕文徵明《拙政园图册》

浣　溪　沙

［宋］苏轼

扫一扫，听朗读

游蕲水[①]清泉寺，寺临兰溪，溪水西流。

山下兰芽短浸[②]溪，松间沙路净无泥，潇潇[③]暮雨子规[④]啼。
谁道人生无再少[⑤]？门前流水尚能西！休将白发唱黄鸡[⑥]。

注释

①蕲（qí）水：县名，今湖北浠水县。
②浸：泡在水中。
③潇潇：形容雨声。
④子规：杜鹃，又叫杜宇、布谷、子规、望帝、蜀鸟等。
⑤无再少：不能回到少年。
⑥唱黄鸡：感慨时光的流逝。因黄鸡可以报晓。表示时光的流逝。

古词今读

山脚下刚生长出来的兰草的幼芽蔓延浸泡在溪水中，松林间的沙路被雨水冲洗得一尘不染，傍晚下起了小雨，布谷鸟的叫声从松林中传出。

谁说人生就不能再回到少年时期？门前的溪水还能向西边流淌！不必烦恼叹年老，感慨时光的流逝。

赏析要点

东坡为人胸襟坦荡旷达，善于因缘自适。他因诗中有所谓“讥讽朝廷”语，被罗织罪名入狱，“乌台诗案”过后，于元丰三年（1080 年）二月贬到黄州。初时虽也吟过“饮中真味老更浓，醉里狂言醒可怕”（《定惠院寓居月夜偶出》）那样惴惴不安的诗句，但当生活安顿下来之后，樵夫野老的帮助，亲朋故旧的关心，州郡长官的礼遇，山川风物的吸引，促使他拨开眼前的阴霾，敞开了超旷爽朗的心扉。这首乐观的呼唤青春的人生之歌，当是在这种心情下吟出的。

上阕三句，写清泉寺幽雅的风光和环境。山下小溪潺湲，岸边的兰草刚刚萌生娇嫩的幼芽。松林间的沙路，仿佛经过清泉冲刷，一尘不染，异常洁净。傍晚细雨潇潇，寺外传来了杜鹃的啼声。这一派画意的光景，涤去官场的恶浊，没有市朝的尘嚣。它优美，洁净，潇洒……充满诗的情趣，春的生机。它爽人耳目，沁人心脾，诱发诗人爱悦自然、执着人生的情怀。

环境启迪，灵感生发。于是词人在下阕进发出使人感奋的议论。这种议论不是抽象的，概念化的，而是即景取喻，以富有情韵的语言，滤写有关人生的哲理。“谁道”两句，以反诘唤起，以借喻回答。“人生长恨水长东”，光阴犹如昼夜不停的流水，匆匆向东奔驶，一去不可复返，青春对于人只有一次，正如古人所说：“花有重开日，人无再少时。”这是不可抗拒的自然规律。然而，在某种意义上讲，人未始不可以老当益壮。自强不息的精神，往往能焕发出青春的光彩。因此词人发出令人振奋的议论：“谁道人生无再少？门前流水尚能西！”

人们惯用“白发”“黄鸡”比喻世事匆促，光景催年，发出衰飒的悲吟。白居易当年在《醉歌》中唱道：“谁道使君不解歌，听唱黄鸡与白日。黄鸡催晓丑时鸣，白日催年酉前没。腰间红绶系未稳，镜里朱颜看已失。”杜甫也曾化用乐天诗，吟过“试呼白发感秋人，令唱黄鸡催晓曲”之句。此处作者反其意而用之，希望人们不要徒发自伤衰老之叹。“谁道人生无再少？”“休将白发唱黄鸡！”应该说，这是不服衰老的宣言，这是对生活、对未来的向往和追求，这是对青春活力的召唤。在贬谪生活中，能一反感伤迟暮的低沉之调，唱出如此催人自强的歌曲，正体现出苏轼热爱生活、旷达乐观的性格。

作者掠影

苏轼（1037～1101），北宋文学家、书画家、美食家。字子瞻，号东坡居士，四川人。一生仕途坎坷，学识渊博，天资极高，诗文书画皆精。其文汪洋恣肆，明白畅达，与欧阳修并称欧苏，为“唐宋八大家”之一；诗清新豪健，善用夸张、比喻，艺术表现独具风格，与黄庭坚并称苏黄；词开豪放一派，对后世有巨大影响，与辛弃疾并称苏辛；书法擅长行书、楷书，能自创新意，用笔丰腴跌宕，有天真烂漫之趣，与黄庭坚、米芾、蔡襄并称宋四家；画学文同，论画主张神似，提倡“士人画”。著有《苏东坡全集》和《东坡乐府》等。

延伸阅读

知心知意的红颜知己

苏东坡似乎与王姓颇为有缘，原配夫人王弗，嫁到苏家时才十六岁，红袖添香，是苏东坡的伴读良友，可惜二十七岁便去世了，化为苏东坡感情极深处的悲思。王弗去世十年后，在密州的一个夜深人静的夜晚，苏东坡为她写下了千古第一悼亡词《江城子·乙卯正月二十日夜记梦》：

十年生死两茫茫，不思量，自难忘。千里孤坟，无处话凄凉。纵使相逢应不识，尘满面，鬓如霜。

夜来幽梦忽还乡，小轩窗，正梳妆。相顾无言，唯有泪千行。料得年年肠断处，明月夜，短松冈。

王弗去世三年后，苏东坡续娶了王闰之，是第一任妻子王弗的二堂妹，她性情温顺，对王弗的儿子苏迈视如己出，是一位贤妻良母，也深得苏东坡敬重。苏东坡的第三位妻子王朝云的地位虽不能与王闰之相比，但她在精神和艺术感受上，又比王闰之更能进入苏轼的精神世界。她不是靠练达持家的处世经验，而是凭着对艺术生活的了解与体验，对细腻感情的把玩品味，与富有浪漫气质的苏轼相贴近的。

王朝云与东坡先生相知之深，可谓一举手、一投足，都可知道对方的用意，东坡所写的诗词，哪怕是轻描淡写地涉及往事，也会引起王朝云的感伤。最典型的莫过于东坡所写的《蝶恋花》词：

花褪残红青杏小，燕子飞时，绿水人家绕。枝上柳绵吹又少，天涯何处无芳草？

墙里秋千墙外道，墙外行人，墙里佳人笑。笑渐不闻声渐悄，多情却被无情恼。

据说苏东坡被贬惠州时，王朝云常常唱这首《蝶恋花》词，为苏轼聊解愁闷。每当朝云唱到“枝上柳绵吹又少”时，就掩抑惆怅，不胜伤悲，哭而止声。东坡问何因，朝云答：“妾所不能竟（唱完）者，‘天涯何处无芳草’句也”。苏轼大笑：“我正悲秋，而你又开始伤春了！”朝云去世后，苏轼

"终生不复听此词"。古人认为，芳草为柳绵所化，所以枝上柳绵吹遍天涯，芳草也就随风而生。这首词也暗喻了苏轼"身行万里半天下，僧卧一庵初白头"的命运。在政敌的迫害下，他生涯类转蓬，一次比一次贬得远，一次比一次遭受得打击大。朝云唱到那两句时，想起苏轼宦海的浮沉、命运的无奈，对苏东坡忠而被贬、沦落天涯的境遇是同感在心，于是泪下如雨，不能自已。而东坡亦是知她的这份知心，才故意笑而劝慰，两人之知心，可见一斑。

如果说王弗努力在苏轼的仕宦生活与处理人际关系工作中给予苏轼深深地关注和帮助；王闰之在苏轼经历大起大落的人生沉浮中，认同了苏轼的人生价值观，让他感到家庭的温暖与和谐；那么，王朝云则以其艺术气质，能歌善舞，对佛教的兴趣和对苏轼内心的了解与苏轼相投契。

考试链接

1. 词的上阕，通过写雨中的兰芽、沙路和子规营造了怎样的境界？

2. 有古人在评价这首词时认为"门前流水尚能西"一句富含哲理，运用得十分巧妙。你同意这样的观点吗？为什么？

3. 白居易《醉歌》中写道"谁道使君不解歌，听唱黄鸡与白日。黄鸡催晓丑时鸣，白日催年酉前没。腰间红绶系未稳，镜里朱颜看已失。"苏词和白诗都写道"唱黄鸡"，两者表达的感情一致吗？请简要分析。

编注者：思小燕

【参考答案】

1. 作者描写了兰芽溪水、沙路无泥和萧萧暮雨中传来杜鹃的啼叫，塑造了一个清新、洁净、幽雅的境界。
2. 同意。兰芽溪水，沙路无泥，萧萧暮雨中传来杜鹃的啼叫，作者来到一个远离尘世、洁净如洗的地方。这里的"溪水西流"给作者极大的启迪：水尚能西流，人生就不能再次年轻吗——体现了作者不因为年老而消极悲观的态度。通过富含哲理的这一句，全诗体现了作者乐观向上的精神。
3. 不一致。白居易《醉歌》诗中"唱黄鸡"是"嗟老叹衰之词"，感叹人生苦短，表现了"黄鸡催晓"、朱颜已失的衰颓心态。苏轼面对着眼前西流的兰溪水，产生奇妙的遐想：既然溪水可以西流，人为什么不可以重新拥有青春年华呢？他认为即使到了暮年，也不应有那种"黄鸡催晓"、朱颜已失的衰颓心态，体现了作者贬谪期间热爱生活、乐观旷达的人生态度。

[清] 祝昌 《山水图册》

扫一扫，听朗读

长 相 思[1]

[唐] 白居易

汴水[2]流，泗水[3]流，流到瓜洲古渡[4]头，吴山[5]点点愁。思悠悠，恨悠悠，恨到归时方始休，月明人倚楼。

注释

①长相思：词牌名，调名取自南朝乐府“上言长相思，下言久离别”句，多写男女相思之情。

②汴（biàn）水：源于河南，东南流入安徽宿县、泗县，与泗水合流，入淮河。

③泗（sì）水：源于山东曲阜，经徐州后，与汴水合流入淮河。

④瓜洲古渡：在江苏省扬州市南长江北岸。瓜洲本为江中沙洲，沙渐长，状如瓜字，故名。

⑤吴山：在浙江杭州，春秋时为吴国南界，故名。此处泛指江南群山。

古词今读

汴水长流，泗水长流，流到古老的瓜洲渡口，遥望去，江南的群山在默默点头，频频含羞，仿佛凝聚着无限哀愁。

思念呀，怨恨呀，哪儿是尽头，伊人呀，除非你归来才会罢休。一轮皓月当空照，让我俩紧紧偎依，倚楼望月。

赏析要点

这首词是唐代诗人白居易的作品。是中唐时期比较成熟的词作，是抒发“闺怨”的名篇，构思比较新颖奇巧。它写一个闺中少妇，月夜倚楼眺望，思念久别未归的丈夫，充满无限深情。词作采用画龙点睛之笔，最后才点出主人公的身份，突出作品的主题思想，因而给读者留下强烈的悬念。

上片全是写景，暗寓恋情。

前三句用三个“流”字，写出水的蜿蜒曲折，也奠下缠绵低回的基调。少妇丈夫外出，随着汴水、泗水向东南行，到了遥远的地方；少妇的心早已随着这流水远去，希望可以流到丈夫所在之地。第四句“吴山点点愁”采用拟人化的手法，婉转地表达了对丈夫的思念，念而不得的痛苦。

前三句是陈述句，如若不反复诵读，加深理解，只能看到汴水、泗水远远流去的表面意思，而体会不到作者所要传达的婉转感情。词的上片写樊素回南必经之路。因为她是杭州人氏，故作者望吴山而生愁。这是一首怀人念远的抒情小词。上片从眼前所见流水写起，并且目送远波，想象这流水将流到瓜洲渡和长江汇合，再想到吴中（江南）的山也面带愁容，实则深切怀念远在江南的情人，希望情人能从吴地归来，过瓜洲古渡，溯流北上与自己相会，但同样汴水、泗水是一去不复回的，随之南下的爱人大概也和河水一样，永远离开了他。所以作者想象中的吴中山脉，点点都似愁恨凝聚而成。短短几句，把归人行程和愁怨的焦点都简括而又深沉地传达了出来。尽管佳人已去，妆楼空空，可作者还是一片痴情，终难忘怀，

下片直抒胸臆，表达少妇对丈夫长期不归的怨恨。前三句写她思随流水，身在妆楼，念远人而不得见，思无穷，恨亦无穷。“悠悠”二字，意接流水，笔入人情。“恨到归时方始休”一句，与《长恨歌》之“天长地久有时尽，此恨绵绵无绝期”，有异曲同工之妙。两个“悠悠”，刻画出词人思念之深。这种情感的强烈，只有到情人的回归才能休止。然而那只不过是个空想。无奈啊，在这种情况下少妇只能倚楼而望，回忆昔日的欢乐，来遣散心中的郁闷罢了。

作者掠影

白居易（772～846），唐代伟大的现实主义诗人。字乐天，号香山居士，又号醉吟先生。祖籍太原，到其曾祖父时迁居下邽，生于河南新郑。白居易与元稹共同倡导新乐府运动，世称“元白”，与刘禹锡并称“刘白”。白居易的诗歌题材广泛，形式多样，语言平易通俗，有“诗魔”和“诗王”之称。官至翰林学士、左赞善大夫。846 年，白居易

在洛阳逝世，葬于香山。有《白氏长庆集》传世，代表诗作有《长恨歌》《卖炭翁》《琵琶行》等。

延伸阅读

长　相　思

长相思，词牌名。唐教坊曲。

调名取自南朝乐府“上言长相思，下言久离别”句，多写男女相思之情。

《古诗十九首》中有“客从远方来，遗我一书札。上言长相思，下言久离别”，从而得此词牌名。“长相思”又名“双红豆”“忆多娇”。后主李煜又名“长相思令”。宋人林逋《长相思》中有“吴山青”，故又名“吴山青”。相似的还有：张辑有“江南山渐青”，又名“山渐青”；张先词名“相思令”；赵鼎词名“琴调相思令”。元代仇远词名“越山青”；王行词名“青山相送迎”。明人孙秉宗词名“长思令”。清人沈谦新翻仄体词名“叶落秋窗”等。

考试链接

1. 这首词塑造了怎样一位抒情主人公形象？表达了怎样的情思？

2. 说说这首词在构思脉络上的特点。

编注者：纪艳飞

【参考答案】

1. 这首词塑造了一个月夜倚楼眺望、思念久别未归的丈夫、一往情深的闺中少妇形象。表达了少妇思念丈夫的愁苦和对丈夫长期不归的怨恨。
2. 这首词是抒发“闺怨”的名篇，构思新颖独特，采用了篇末点题的手法。上片全是写景，写水流，写山愁，却不言明是何人因何而发愁。下片直抒胸臆，写思念，写怨恨，直到最后一句“月明人倚楼”才点出主人公的身份，是画龙点睛之笔，突出作品的主题思想。

［明］ 唐寅 《山茶仕女图轴》

扫一扫，听朗读

谒　金　门[1]

［五代］冯延巳

风乍[2]起，吹皱一池春水。闲引[3]鸳鸯芳径里，手挼[4]红杏蕊。
斗鸭[5]阑干独倚，碧玉搔头[6]斜坠。终日望君君不至，举头闻鹊喜。

注释

①谒（yè）金门：词牌名。
②乍：忽然。
③闲引：无聊地逗引着玩。
④挼（ruó）：揉搓。
⑤斗鸭：以鸭相斗为欢乐。斗鸭阑和斗鸡台，都是官僚显贵取乐的场所。
⑥碧玉搔头：一种碧玉做的簪子。《西京杂记》载：“（汉）武帝过李夫人，就取玉簪搔头；自此后，宫人搔头皆用玉。”

古词今读

明媚的阳光下，忽然刮起一阵春风，一池碧水随之荡漾，泛起粼粼的波纹。闲来无事，（我）漫步在花间小径里，时而逗引碧池中的鸳鸯，时而随手折下杏花蕊把它轻轻揉碎。

（我）又缓步前行，独自倚靠在池边的栏杆上观看鸭子嬉戏，头上的碧玉簪不知何时斜垂下来。就这样，（我）整日思念心上人，但心上人始终不见回来啊，（正在愁闷时），忽然听到枝头喜鹊“喳喳”的叫声。

赏析要点

冯延巳擅长以景托情、运用因物起兴的手法，蕴藏个人的哀怨。他的词写得清丽、细密、委婉、含蓄。这首词的上片，以写景为主，点明时令、环境及人物活动；下片以抒情为主，并点明烦愁的原因。全词写贵族少妇在春日思念心上人的百无聊赖的景况，反映了她的愁闷心情。

“风乍起，吹皱一池春水”：这两句是流传千古的名句。春回大地，万物复苏，桃红柳绿，莺啼鸟啭，一切都呈现出勃勃生机。郊外，绿潭茵茵，碧波不兴，忽然刮来一阵风，吹皱了池塘的碧水。这两句是双关语，表面写景，实际写情。这吹皱着的池水也象征着女主人公的心动荡不安，起伏不平。因为丈夫远行在外，她孤独一人，无人陪同她欣赏这大自然的春光美景，不由产生寂寞苦闷之感。

“闲引鸳鸯香径里，手挼红杏蕊”：鸳鸯是水鸟，雌雄成对，双宿双栖，在诗歌中经常作为爱情的象征。从《诗经》里的“鸳鸯于飞，毕之罗之”到《古绝句》中的“南山一桂树，上有双鸳鸯”，从“合昏尚知时，鸳鸯不独宿”到“对月形单望相互，只羡鸳鸯不羡仙”，都表达了两情相依、白头偕老的美好夙愿。这两句是倒装句，女主人公为了排遣苦闷，就双手揉搓着红杏的花蕊，引逗着鸳鸯徘徊在园中的小路里，这多少给她带来了愉悦，暂时忘掉自己的寂寞。然而，欢乐毕竟是短暂的，因为看见水中的鸳鸯成双成对，愈发显得自己孤单，愈发勾起了自己的烦恼：唉，这良辰美景，便纵有千种风情，更与何人说啊！我日思夜想的人啊，你何时才能回来呢？

“斗鸭阑干独倚，碧玉搔头斜坠”：古代有以鸭相斗为戏。这里的“斗鸭”有人认为就是看斗鸭，有人认为是看水中的鸭子嬉戏，还有人认为是阑干上的一种雕饰。我认为是女主人公观看水中的鸭子嬉戏。女主人公心绪不佳，独自靠着栏杆站着，她时而看看水中嬉戏的鸭子，想驱赶走心中的烦闷；时而垂下头，想想心事，回忆与心上人在一起共度的美好时光。也许头垂得时间较长了，头上斜插着的玉簪，也快掉下来了。短短两句诗，主人公复杂的心情跃然纸上。“女为悦己者容”，温庭筠在《望江南》中写女主人公“梳洗罢，独倚望江楼”。早晨起来，她打扮得漂漂亮亮，来到望江楼上，等待心上人归来。而我们这位女主人公呢，玉簪斜坠，也无心打理，因为收拾得再美给谁看呢？

“终日望君君不至，举头闻鹊喜”：女主人公就这样等啊等啊，从朝阳初升等到太阳西斜，从绯红的黎明等到暮色降临，心上人还是没有来。“终日望君君不至”让我们联想到“过尽千帆皆不是”，同样是盼夫归，同样是伊人愁，可谓两种说法，一处闲愁。正当我们的主人公失望至极，忽然，喜鹊的再次鸣叫，又勾起她新的期待！行文至此，用“举头闻鹊喜”作结，如池塘的涟漪，波折不停，最后掀起了一个较高的波浪，戛然而止。婉转含蓄，耐人寻味，给读者留下想象的空间。这一句可谓整篇词的画龙点睛之笔。

作者掠影

冯延巳（903～960），南唐诗人，又名延嗣，字正中，五代广陵（今江苏省扬州市）人。在南唐做过宰相，生活过得很优裕、舒适。他和中主李璟的关系很好，是后主李煜的老师，有《阳春集》传世。冯延巳词风清丽，善写离情别绪，有很高的艺术成就。他开创的“以景写情”的手法，对李煜影响很大。冯延巳、李煜被认为直接影响了北宋以来的词风。冯延巳词的特点，可以用四个字来概括：因循出新。所谓“因循”，是说他的词继承花间词的传统，创作目的还是“娱宾遣兴”，题材内容上也没有超越“花间词”的相思恨别、男欢女爱、伤春悲秋的范围。所谓“出新”，是说他的词在继承花间词传统的基础上，又有突破和创新。有“吹皱一池春水”等名句。

延伸阅读

冯延巳之轶闻趣事

王国维在他的《人间词话》中这样评价冯延巳：“冯正中词虽不失五代风格而堂庑特大，开北宋一代风气。中、后二主皆未逮其精诣。”从这段话中可以看出，冯延巳的确是一个久负盛名的词人，他用手中的五彩之笔，创作出魅力四射的华美乐章。

温庭筠、冯延巳都是著名的词人，其中温庭筠是花间派的鼻祖，而冯延巳是一位介于花间派的词人。温庭筠的词风浓绮艳丽，语言工炼，诗词兼工，其风格多为客观，虽有抒情但是比较含蓄；冯延巳的词风温婉含蓄，清新流畅。周济在《介存斋论词杂著》中评道：“李后主词，如生马驹，不受控捉。毛嫱西施，天下美妇人也。严妆佳，淡妆亦佳，粗服乱头，不掩国色。飞卿，严妆；正中，淡妆也。”这里的飞卿即温庭筠，正中即冯延巳。一浓一淡，既体现了两位词人的创作风格及兴致趋向，也和两人所处的社会地位极其有关。温庭筠乃一介落魄文人，常出入于青楼酒馆之中；冯延巳却是位极人臣，高高在上。

冯延巳虽然官高却是和寡，在他的词集中找不到与时人相酬之作，这在后来的词人中是非常罕见的。这是因为他所遗存的资料太少，无从考证。但陆游在《南唐书》记载了这样一件趣事：南唐李中主尝责其臣言："吹皱一池春水，干卿何事？"其臣即对言："未若陛下'小楼吹彻玉笙寒'"，于是龙颜大悦。

此臣就是冯延巳。此句曾被中主疑以为有影射南唐江山不稳的痕迹，故诘问之。如果此事发生在清朝，等待他的或许就是一场严酷的文字狱。如康熙年间的戴名世在写《南山集》时，因采用了桐城方孝标《滇黔纪闻》一书中的材料，对南明诸王朝颇发感慨，被人告发，结果被斩。冯延巳虽然屡遭朝人弹劾，但大多都是化险为夷，有时还因祸得福而升官，可见他的确同中主君臣关系非同一般。

考试链接

1. 以下诗句与本首词表达的情感最接近的一项是（　　）

A. 只恐双溪舴艋舟，载不动许多愁。

B. 商女不知亡国恨，隔江犹唱后庭花。

C. 晓镜但愁云鬓改，夜吟应觉月光寒。

D. 过尽千帆皆不是，斜晖脉脉水悠悠。

2. 本词结尾的"闻鹊喜"改为"闻喜鹊"，可以吗？结合词简要回答。

3. 简要分析这首词是如何表达"闺怨"的？

编注者：余　青

【参考答案】

1. D　因为都表达了一种盼夫久不归的失望之情。
2. 不可以。"闻鹊喜"的"喜"与"起""里""倚""至"同韵，这样使整首词有了和谐的音韵之美。"闻鹊喜"更突出了鹊的"喜"，从而反衬出词中女子因为"终日望君君不至"的伤感与惆怅。
3. 这首词通过女主人公一系列动作描写（细节描写），如逗引鸳鸯，揉扯花蕊，独倚阑干，貌似悠闲，却深刻表现出女主人公内心孤独、苦闷、期盼等无比复杂的感情。

吴昌硕 《桃花图》

清　平　乐

［宋］黄庭坚

扫一扫，听朗读

春归何处，寂寞无行路[1]。若有人知春去处，唤取归来同住。

春无踪迹谁知，除非问取[2]黄鹂。百啭[3]无人能解[4]，因风[5]飞过蔷薇[6]。

注释

①行路：指春天来去的踪迹。

②问取：呼唤，询问。取，语助词。

③百啭（zhuàn）：形容黄鹂宛转的鸣声。啭，鸟鸣。

④解：懂得，理解。

⑤因风：顺着风势。

⑥蔷薇（qiáng wēi）：花木名。在夏季开花。

古词今读

春天回到了哪里？找不到它的踪迹，我寂寞得没有地方可以游玩。假使有人告诉我春天的去处，就把她叫回来同居共处。

谁也不知道春天的踪迹，要想知道，除非去询问黄鹂。那黄鹂千百遍地婉转啼叫，又有谁能懂得它的意思？看！黄鹂鸟顺着风势，飞过了盛开的蔷薇。

赏析要点

这首词分上下两片，上片写春天归去，下片写作者苦苦寻觅不到春天失望的心情，表现了作者对春光流逝深深的惋惜。构思别致，作者情感主线为“思春—惜春—唤春—解春—惜春”。对问春天在何处的内心描写生动且深沉。对询问黄鹂的描写含蓄，具有诗意，写出黄鹂不懂自己的无奈和对春天逝去的惋惜之情。

“春归何处？寂寞无行路。”作者将春拟人化，起句发问春天回到哪里了，点明了作者寻春、惜春之意，又表现了作者对春天的喜爱之情。用关心的语气问春天回到了哪里，找不到它的足迹，作者寂寞得没有地方可以游玩。“寂寞”表达了作者惜春之情。

“若有人知春去处，唤取归来同住。”这两句以浪漫柔情的语气询问何人知春，语气中富含期盼，此刻作者还存在一丝可以找到春天的希望，用“若”来表达自己期盼有人知道春在何处。那么人怎么会和春天在一起居住？这是赋予抽象的春以具体的人的特征，运用了拟人的修辞手法，把春天当作自己的亲人，像失去亲人似的感到无处得到安慰。这样通过作者的主观感受，反映出春天的可爱以及希望和春天住在一起，表达对春天的恋恋不舍之情，同时也表现出词人对美好事物的执着和追求，希望春天归来。

“春无踪迹谁知，除非问取黄鹂。百啭无人能解，因风飞过蔷薇。”春天一去不知所踪，谁也不知道春天到底去哪了，正在苦苦追寻不到春天的时候，他天真地想到去“问取黄鹂”，黄鹂和春天一同出现，也许知道春天的去处。那黄鹂千百遍地婉转啼叫，声音动人心弦。可是黄鹂的歌声虽然动听，却没有人能够理解它歌声里的含义。作者询问的结果自然是一无所得。只有眼看黄鹂顺着风势，飞向蔷薇花丛那边去。寻春最后的一线希望也破灭了。蔷薇的出现渲染了景色的优美怡人，蔷薇在夏季开花，暗示夏天已经到来，春天真的已经逝去了。作者采用蔷薇不但丰富了词的内容，而且使词味更加隽永。

作者掠影

黄庭坚（1045～1105），北宋著名文学家、书法家。黄庭坚是江西诗派的开派宗师和领袖，与杜甫、陈师道、陈与义素有“一祖三宗”（黄庭坚为其中一宗）之称。该诗派崇尚黄庭坚的“点铁成金、夺胎换骨”之说。且诗派成员大多受黄庭坚的影响，作诗风格以吟咏书斋生活为主，重视文字的推敲技巧。黄庭坚与张耒（lěi）、晁补之、秦观游学于苏轼门下，合称为“苏门四学士”。生前与苏轼齐名，世称“苏黄”。著有《山谷词》《定风波·次高左藏使君韵》《谒金门·示知命弟》《渔家傲·三十年来无孔窍》等。黄庭坚书法亦能独树一格，擅长行书、草书，楷书也自成一家，为“宋四家”之一。他做过秘书省的校书郎，后被贬官，流放西南荒僻地区，死在贬所。

苏东坡评价他：①鲁直以平等观作欹侧字，以真实相出游戏法，以磊落人书细碎事，可谓“三反”。②瑰伟之文妙绝当世，孝友之行追配古人。③苏轼称其诗超轶绝尘，独立万物之表。

延伸阅读

黄庭坚与苏轼、佛印的逸闻趣事

苏东坡在杭州，喜欢与西湖寺僧交朋友。他和圣山寺佛印和尚最要好，两人饮酒吟诗之余，还常常开玩笑。

佛印和尚好吃，每逢苏东坡宴会请客，他总是不请自来。有一天晚上，苏东坡邀请黄庭坚去游西湖，船上备了许多酒菜。游船离岸，苏东坡笑著对黄庭坚说：“佛印每次聚会都要赶到，今晚我们乘船到湖中去喝酒吟诗，玩个痛快，他无论如何也来不了啦。”谁知佛印和尚老早打听到苏东坡要与黄庭坚游湖，就预先在他俩没有上船的时候，躲在船舱板底下藏了起来。

明月当空，凉风送爽，荷香满湖，游船慢慢地来到西湖三塔，苏东坡把着酒杯，拈着胡须，高兴地对黄庭坚说：“今天没有佛印，我们倒也清静，先来个行酒令，前两句要用即景，后两句要用哉字结尾。”黄庭坚说：“好吧！”

苏东坡先说：浮云拨开，明月出来，天何言哉？天何言哉？

黄庭坚望着满湖荷花，接着说道：莲萍拨开，游鱼出来，得其所哉！得其所哉！

这时候，佛印在船舱板底下早已忍不住了，一听黄庭坚说罢，就把船舱板推开，爬了出来，说道：船板拨开，佛印出来，憋煞人哉！憋煞人哉！

苏东坡和黄庭坚，看见船板底下突然爬出一个人来，吓了一大跳，仔细一看，原来是佛印，又听他说出这样的四句诗，禁不住都哈哈大笑起来。

苏东坡拉着佛印就座，说道：“你藏得好，对得也妙，今天到底又被你吃上了！”于是，三人赏月游湖，谈笑风生。

考试链接

1. 本词的主题是什么？简要概括本词的主要内容。

2. 有人认为本词“结语暗寓身世，大有佳人空谷，自伤幽独之感”，但从全词看，这种说法显然跟主题不合。试解说一下不合的原因。

编注者：周艳峰

【参考答案】

1. 主题是惜春。词人因春天的消逝而感到寂寞，感到无处觅得安慰，于是借对春的追寻表现春天的可爱、春去的可惜以及因时光流逝而产生的惆怅。
2. 本词上片写的是惜春，下片写的是寻春不见，同样是惜春。使全词构成一个有机整体。如果认为“自伤幽独”，则下片的意思就不是“惜春”，而成了“自惜”，前后内容就被割裂开来。故此说法不当。

【清】费丹旭《美人思秋图立幅》局部

【清】费丹旭《美人思秋图立幅》

眼儿媚·秋思

[明] 刘基

扫一扫，听朗读

萋萋芳草小楼西，云压雁声低。两行疏柳，一丝残照，万点鸦栖。

春山碧树秋重绿，人在武陵溪[①]。无情明月，有情归梦[②]，同到幽闺。

注释

①武陵溪：这里用陶渊明《桃花源记》的典故，借指爱人在远方。

②归梦：指远游人惦念家里的魂梦。

古词今读

小楼的西面，芳草萋萋，云脚低垂，雁声划过，声音嘶哑。两行柳树，枝叶稀稀落落，夕阳西照，光线幽微，点点乌鸦栖息树上。

春天来了，山又青葱，树也碧绿，而思念的人儿仍在远方。明月是无情的，可是在外的游子绵绵相思不能已，在梦里又回到家中。

赏析要点

这首词咏闺中秋思。上片写楼头秋色。草绿原野，念游人之不归；雁唳长空，盼音书之莫至。依依衰柳，一抹斜阳，万点寒鸦，千山栖宿。下片写秋闺念远。秋日风物，凄凉萧瑟，况树又重绿，而游人滞留不归。绵绵相思，何时能已。眼前明月照空，魂梦遥牵。有情无情，并到幽闺。岑寂之感，更复何如。全词绵丽清雅，委婉多姿。

首句即从草色落笔，将心伤神惘、徘徊不已的相思幽怨揉入一派如烟似絮、粘连暮云的草色中，而“两行疏柳，一丝残照，数点鸦栖”，与烟草围绕中的小楼一角，都不过是这大块苍凉暗绿背景里的点缀和衬托。画面虽无人物，情绪已酝酿充分，人物已呼之欲出。

下片仍然就绿色进一层渲染。王维诗云：“春草明年绿，王孙归不归？”（《山中送别》）——如今秋草也绿了，远行的人会不会归来呢？与这种痛苦难言、形影孑然的单相思对照，下面紧接的“人在武陵溪”一句是那样的冷酷无情：远行的人正如刘晨、阮肇那样沉湎在桃源仙境中（宋元词曲，文人往往借陶潜《桃花源记》武陵渔人的字面来表示刘、阮在天台的艳遇），怎记得回来！正是这一句透露出思妇的深长幽怨，漫长的相思岁月里音讯皆无，怎不教人思而生疑、疑而转怨呢？空闺独守的苦闷，倚楼而忘的惆怅，以及对远游忘归的荡子爱恨并集的感情，都被这一句点破。可是，怨语也仅此一句，戛然而止，下面并没有继续数落。

一般说来，封建时代的深闺妇女长期受“温柔敦厚”的理教熏陶与束缚，表达情感的方式多是婉约而委屈的，不大可能做汹涌澎湃状，也很少一泻无余。她要诉说对薄幸人的嗔怪，却怨恨照人无寐、窥人相思的明月“无情”；她要表白对对方的执着系念牵想，却不无羞涩地借指虚幻美好、堪慰相思的归梦的“有情”，这是一颗多么善良敏感的心灵，多么令人同情的柔弱美丽的形象。词中并没有出现人物的外貌描写，甚至没有直接抒情，而怨怀幽恨，盘寓其中，况周颐所谓“取神题外，设境其中”（《蕙风词话》），约略近之。

作者掠影

刘基（1311～1375），元末明初杰出的军事谋略家、政治家、文学家和思想家，明朝开国元勋。字伯温，谥号文成，浙江文成南田（原属青田）人，故时人称他刘青田，明洪武三年（1370 年）封诚意伯，人们又称他刘诚意。武宗正德九年追赠太师，谥号文成，后人又称他刘文成、文成公。他以神机妙算、运筹帷幄著称于世。

延伸阅读

“三不朽”伟人刘基

《左传》说：“太上有立德，其次有立功，其次有立言，虽久不废，此谓三不朽。”刘基作为“三不朽”伟人、作为全才而传于后世，有诗云：有史以来全才惟三人，周公旦后武侯亮，武侯亮后独公堪比伦。九流百家罗胸臆，军机政略如神。数年之间清海宇，有明开国称元勋。

刘基所立之功：首先是辅佐朱元璋完成统一大业，建立大明王朝，所谓“三分天下诸葛亮，一统江山刘伯温”是也。在这个过程中具有开启霸主之心智、匡定一统天下之战略、定王业之基、安定后方、辅助密谋统一宇内之策五个方面的功绩。其次是辅佐朱元璋建国，为大明巩固政权，所谓“开国文臣第一”是也。

刘基所立之言：杨守陈说：“汉以降，佐命元勋，所掘起草莽甲兵间，安文墨者殊鲜。子房之策，不见辞章；玄龄之文，仅办符檄。未见树开国之勋业而兼传世之文章如公者，公可谓是千古之人豪也。”刘基也自负地说，自己文章除了宋濂以外，其次不敢多让，而且“往往以此语诸人，自以为确论”。

刘基所立之德：可以概括为“诚于民，诚于事业，诚于自己，完成社会事业同时完成了自我，把小我融入社会，成就了大我。”刘基自幼聪颖，凡诸子百家、兵法战策、天文地理、阴阳卜筮之书，无所不读无所不通，怀王佐之才，抱济世之志，以天下为己任，品格高尚，堪称为人之楷模，是后世所公认的。

刘基人称中国历史上“三大军师”和“十大谋略家”之一，他自负一代文宗，被有识之士列为明清散文八大家之首，是我国历史上杰出的政治家、军事家、文学家和思想家。故称刘基为“立德、立功、立言三不朽”伟人。

考试链接

1.“春山碧树秋重绿”一句中，能否把“重”改为“更”字？

编注者：满在莉

【参考答案】

1. 不可以。“更绿”和“重绿”，虽是一字之差，但语义差别很大。更绿，强调的是秋有甚于春，时光不我待，必得回去；重绿，又绿也，突出的是时光的流逝，过程之重复，细微之处正有一丝伫盼的无奈，空守小楼的女子心中并不敢有更多的奢望呀！

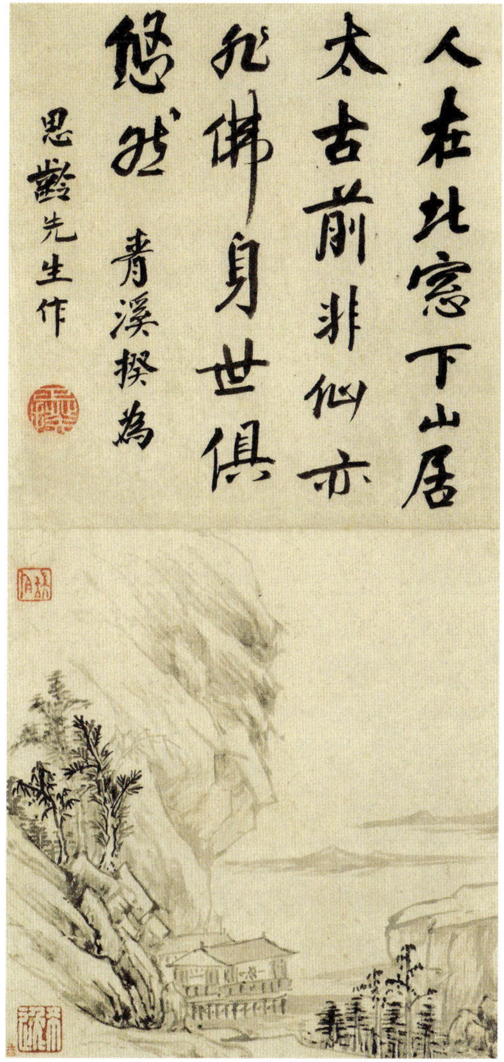

[清] 程正揆《山居图轴》

扫一扫，听朗读

减字木兰花·春情

[宋] 王安国

画桥①流水，雨湿落红②飞不起。月破黄昏③，帘里余香④马上闻。徘徊⑤不语，今夜梦魂何处去？不似垂杨，犹解⑥飞花入洞房⑦。

注释

①画桥：饰有花纹、图案的小桥。
②落红：落花。
③月破黄昏：月光穿透黄昏时的雾霭。
④余香：指女子使用的脂粉香味，这里代指人。
⑤徘徊：来回走动。
⑥犹解：还能懂得。解，能够，会。
⑦洞房：幽深的居室。

古词今读

美丽的小桥下，流水潺潺，花瓣被雨淋湿，沾在地上。黄昏过去，月亮升起来了，在马上还闻到帘里的余香。

独个儿默默地徘徊在堂前院里，今夜我的梦魂将追到什么地方？他呢，怎够不上垂杨那样多情？垂杨还懂得让花絮飞入我的幽房。

赏析要点

以“春情”为题的词作，大抵写闺中女子当春怀人的思绪，王安国这首小令却是写一个男子在暮春时节对一位女子的思而不见、爱而不得的愁情，内容与贺铸的《青玉案》相仿。贺作另有寄托，此词有无别的寓意尚难确定。

首句点女子居处建筑的精致华美、环境的清静幽雅。居处如此令人神往，则伊人芳姿倩影之使人倾慕难忘自不待言。这一句借物写人，是男主人公情感变化的基点。

次句交代气候、时令。春尽花残，惜花人情已不堪，更何况急雨劲风又摧花！“飞不起”三字暗写雨势的猛恶，展现残红“零落成泥碾作尘”的凄凉景象，暗喻主人公的心境也如落红沾雨般沉重暗淡。这种心境源于伊人倩影的悄然离去。

第三句写时间。从黄昏到月出，主人公在一片迷朦的景象里长时间伫留不去，足见他对女子的痴情。

第四句依照情感变化的规律采用顺延笔法，写主人公由痴情向迷离恍惚深化的情态，揭示他内心由极度爱慕而升华的思而不见的惆怅之情。“余香”二字饶有韵味，既含蓄地画出伊人“芳窬（dōu）散麝、色茂开莲”的风致容颜，又绰约地显露池中明镜悬倩影、屋里衣香胜如花的境界。这一句完满地收结了上片，又为下片的抒情蓄势张本。换头言近旨远，写人物情态，现主人公形象。“徘徊”是痴情的延续，“不语”是惆怅的外露。两者相辅相成，愈显得人物形象鲜明生动。

下片第二句用设问，从反面展示主人公的内心世界。“何处去”不是无处可去，恰恰是去向杳若黄鹤的伊人处。采用反面运笔的方法，用得好时，能深化作品的层次。这里的反面运笔，成功地突出了主人公魂牵梦绕的焦点。然而，梦魂飞近伊人身，只是主人公的主观想象和美好企望，现实却是香歇人去，光沉响绝，只有自身踯躅路旁，吊影惭魂。歇拍两句以杨花有幸反衬人物的无缘，正是主人公在这种现实处境中的自怨自叹。

作者掠影

王安国（1028～1074），北宋著名诗人。字平甫，王安石大弟，熙宁进士。北宋临川（今江西省抚州市东乡区上池村）人。世称王安礼、王安国、王雱为“临川三王”。王安国器识磊落，文思敏捷，曾巩谓其“于书无所不通，其明于是非得失之理为尤详，其文闳富典重，其诗博而深”。

延伸阅读

临川文化

“临川文化”是指由武夷山环绕的抚河水系，以临川古邑为汇合中心，经受历史时空的孕育，人们在自然和社会环境生存发展中精神行为的升华。包括人文、风物、哲学、教育、文学、艺术、科学、技术、医理、学术、宗教、民俗、体育、语言、建筑、美食等，并辐射昭武、南岭、庐陵、洪都和浙皖、瓯闽部分领地，从而形成独具特色，承上启下，继往开来的区域文化。它是地方社会经济发展的核心资源，建构赣文化的重要支柱，华夏文化的一朵奇葩。

宋代临川人通过科举踏入仕途，有 2 人官至宰相，2 人膺任节度使，4 人官拜御史，17 人官任尚书、侍郎，10 人担任知府、刺史，俱各政绩显著。特别是晏殊、王安石，不愧为“临川才乡”出类拔萃的人物。此外还有“临川三王”（王安礼、王安国、王雱）也是当时影响较广的人物。此三人均和王安石有密切关系，王安礼、王安国均是王安石的弟弟，而王雱乃王安石长子。故在当时，王家乃是当地名门望族。

考试链接

阅读下面两首宋词，然后回答问题。

画桥流水，雨湿落红飞不起。月破黄昏，帘内余香马上闻。

徘徊不语，今夜魂归何处去。不似垂杨，犹解飞花入洞房。

——《减字木兰花·春情》

留春不住，费尽莺儿语。满地残红宫锦污，昨夜南园风雨。

小怜初上琵琶，晓来思绕天涯。不肯画堂朱户，春风自在杨花。

——《清平乐·春晚》

1. 这两首词题材相同，都是写__________，艺术手法相同，都是__________。

2. 这两首词的结句都提到了“杨”，作者借此表达的感情是否相同？为什么？

编注者：王国洪

【参考答案】

1. 暮春景色　借景抒情
2. 不同。前者是说，无情的杨花尚能飞入洞房，有情之人却反而滞留他乡，令人思念悲伤。后者是说，杨花自有高洁品格，不肯附丽权贵之家以求飞黄腾达。

[清] 华喦 《玉山雅集图》

人月圆·宴张侍御家有感

［宋］吴激

扫一扫，听朗读

南朝[①]千古伤心事，犹唱后庭花[②]。旧时王谢，堂前燕子，飞向谁家[③]。

恍然一梦，仙肌胜雪[④]，宫髻堆鸦[⑤]。江州司马，青衫泪湿，同是天涯[⑥]。

注释

①南朝：一称六朝，即相继建都于建康（今南京市）的吴、东晋、宋、齐、梁、陈六个朝代。

②后庭花：词曲名。

③“旧时”三句：系化用刘禹锡诗句“旧时王谢堂前燕，飞入寻常百姓家”而成。

④仙肌胜雪：形容美人的肌肤比雪还白。

⑤宫髻堆鸦：形容宫中美人的鬟发颜色像鸦羽。故曰“堆鸦”。

⑥“江州”三句：系融化白居易诗句“座中泣下谁最多，江州司马青衫湿”、“同是天涯沦落人，相逢何必曾相识”而来。

古词今读

历经千古的北宋已成为伤心的地方，还唱着那《后庭花》曲。昔日的辉煌与显赫早已不复存在。过去的燕子停留在王导、谢安等豪华宅第人家，而如今却已不知道飞到了何人家中。于异国重见故国宫姬，世事如梦呀，肌肤胜过白雪，见其昔日豪贵，发式如旧。江州司马泪水湿透青衫衣襟，我们俩同是天涯沦落的可悲人啊！

赏析要点

吴激的这首词，通篇借用唐人诗句借景抒情，笔姿盘旋空灵、唱叹有情。当然也必须有一两句实写，才不致使人感到扑朔迷离。因此，下阕文字就体积了前面已暗示的“商女”形象：“仙肌胜雪，宫髻堆鸦。”这两句描写不只是单纯写这位歌姬之美貌，而是从她的容颜梳妆，勾起了词人对北宋故国旧事的回忆和怀念。所以词人抚今追昔，而有“恍然一梦”之感。

昔日皇家女子，今朝却是市井歌妓，这个反差太强烈了，不禁又触发了词人故国之身悲，身世之同感。吴激想自己如今羁身北国，“十年风雪老穷边”（刘迎《题吴激诗集后》），自己和这位歌女不也“同是天涯沦落人”吗？这自然使他想起当年白居易于浔阳江头夜遇琵琶女的情景，想起白居易的悲叹：“同是天涯沦落人，相逢何必曾相识……座中泣下谁最多？江州司马青衫湿！”吴激在《人月圆》的结尾三句融合白居易的诗的意境，借意抒怀，把自己和这位歌姬，比作白居易之于琵琶女了。

北宋中叶以后，填词渐趋工巧，檃括前人诗句填词蔚为风气。贺铸、周邦彦、陆游、吴文英等人都擅长此道。而其中吴激这首词将古人诗句融为一体，浑然天成，如自其口出，能以人巧与天工相吻合，不愧是一首成功的“隐括体”。

作者掠影

吴激（1090～1142），宋、金时期的作家、书画家。字彦高，自号东山散人，建州（今福建建瓯）人。北宋宰相吴栻之子，书画家米芾之婿，善诗文书画，所作词风格清婉，多家园故国之思，与蔡松年齐名，时称“吴蔡体”。

吴激词多作于留金以后。篇数虽不多，皆精微尽善，虽多用前人句，其剪裁点缀，若皆天成。吴激为金初词坛盟主。他的《诉衷情》《满庭芳》等造语清婉，哀而不伤，在当时曾脍炙人口，其《人月圆》概括前人诗语，自然得体，尤为人所传诵。

延伸阅读

心伤故国、名满天下

一个关心国家大事并始终坚持热爱自己国家的文人，无论何时都是国家的珍宝。作为宋朝宰相吴栻的儿子、著名书画家米芾女婿的吴激，也是一位诗词书画造诣都非常了得的文人。

钦宗靖康末年（1127 年），吴激奉命出使金国，由于他的名气太大了，金国竟扣留着他不让回国。转眼之间，北宋灭亡了。吴激虽然在金国被迫担任着不低的官职，但他内心里却很痛苦。回顾以往那风光无限的生活，他自是有着无比温馨同时也无限伤感的情事；但现在，一切都成了过眼烟云。于是，他情不自禁地填写了一阕词牌名为《风流子》的词，作为对往事的不尽寄慨之意：

书剑忆游梁。当时事，底处不堪伤？望兰楫嫩漪，向吴南浦；杏花微雨，窥宋东墙。凤城外，燕随青步障，丝惹紫游缰。曲水古今，禁烟前后；暮云楼阁，春草池塘。

回首断人肠。年芳但如雾，镜鬓已成霜。独有蚁尊陶写，蝶梦悠扬。听出塞琵琶，风沙淅沥；寄书鸿雁，烟月微茫。不似海门潮信，能到浔阳！

也许，吴激正是借这温馨而又伤感的情事来抒发其家国之痛，因为对一个词学造诣精深的文人来说，这完全不是没有可能。事实上，就在一次官僚朋友所举行的宴席上，吴激这种思念故国的情怀也有所展现。

张总侍御家正在举行文人间的宴会，当时身居北方的一些著名文人都成了张的座上宾；而沦落到金国的吴激，更是人们争相邀请的对象。但当时主持文坛的领袖人物宇文叔通，对他却并不怎么看得起，在一些场合只是轻蔑性地称他为“小吴”；而才华横溢的“小吴”自然也没把宇文叔通放在眼里，只拿后辈来看待对方。

酒宴一开始，主人张公当即叫家中才色双绝的姬妾出来唱歌侑酒。其中有一美人的容貌虽很艳丽，但她那神态却又好像非常难受，尤其是她的举止跟金国的习俗大为不同，这自然引起了吴的注意。于是吴便近前问起她的身世，谁知一问之下，他吃惊地发现，她原来竟是宋朝宣和殿里的小婢女！吴激等从南方来的一干人等听了此话，不禁想起国家沦亡、自身飘零在他国的屈辱处境来了，一时间，大家都不由哀伤之极。于是张公就请大家填写词作，用以记录这桩奇遇。宇文叔通当即填写了一首《念奴娇》词，大家读了，不觉先是一阵赞叹。其中有句云：宋室家姬，陈王幼女，曾嫁钦慈族。干戈浩荡，事随天地翻覆。

而此时，文学史上号称“吴蔡体”之一的吴激，紧接着也填了一阙《人月圆》词，曰：

南朝千古伤心地，犹唱《后庭花》。旧时王谢，堂前燕子，飞向谁家？

恍然一梦，天姿胜雪，宫鬓堆鸦。江州司马，青衫泪湿，同在天涯！

“哇！好词！真是绝妙好词！”大家当即便大为惊叹。一贯轻视吴的宇文叔通听了大家这赞叹，不觉忐忑不安地上前也要求来“拜读拜读”。但他拜读后，大为震惊的宇文叔通不由蓦然脸红了，紧接着也一再感叹吴作确是比他写得好。此后，凡是有人前来求取词作时，宇文叔通遂虚心地告诉来人：“近来不是有个吴郎善于填词吗？你可向他求取。”

考试链接

1. 赏析“仙肌胜雪，宫鬓堆鸦”的妙处。

2. 词人为何要借“江州司马”来表达故国之思？

编注者：吴　祺

【参考答案】

1. 这两句描写不只是单纯写这位歌姬之美貌，而是从她的容颜梳妆，勾起了词人对北宋故国旧事的回忆和怀念。所以词人抚今追昔，而有“恍然一梦”之感。
2. “江州司马，青衫泪湿”化用白居易《琵琶行》中白居易贬居浔阳江头遇琵琶女所感：座中泣下谁最多，江州司马青衫湿 。”借意抒怀，抒发自己和眼前的歌女如同白居易与琵琶女的境况何其相似。唐诗人乐天先生做此诗时，正值被贬江州司马之时，偶遇落魄京城歌女，同病相怜，最为伤怀。而吴激巧遇宋朝宫姬，两人都为沦落天涯之人，都在承受流离失所之痛、身世零落之苦，“同是天涯”一语，怜君更怜己！

[明]　陈淳　《洛阳春色图卷》

贺圣朝[1]·留别

[宋] 叶清臣

扫一扫，听朗读

满斟绿醑[2]留君住，莫匆匆归去。三分春色二分愁，更一分风雨。

花开花谢、都来几许[3]。且高歌休诉，不知来岁牡丹时，再相逢何处。

注释

①贺圣朝：唐教坊曲名，后用为词牌。《花间集》有欧阳炯词，本名“贺明朝”。

②绿醑（xǔ）：即绿色的美酒。

③几许：犹言多少。

古词今读

斟满淡绿色的美酒，请您再住几日，不要就这样匆匆地离去。剩下的三分春色，二分都是离愁别绪，还有一分充满了凄风苦雨。

年年都见花开花谢，相思之情又有多少呢？就让我们放声高歌，畅饮美酒，不要再谈论伤感之事。只是不知明年今日牡丹开放时节，我们会在哪里相逢？

赏析要点

词人在留别友人的筵宴上，怀着依依不舍的深情。此篇虽写离愁别恨，但它不像许多婉约派词作那样写愁恨掩抑低沉，凄伤欲绝。篇中不但有豁达乐观的话，而且全篇语言刚健，笔调雄浑，在惆怅的别情背后，透露出一股豪迈开朗的气息。

“满斟绿醑留君住，莫匆匆归去。”开篇写作者满斟绿色的美酒，劝友人暂留，且不要匆匆归去。继而，词中又写作者纵酒高歌劝友人，切切絮絮倾诉离情。

“三分春色二分愁，更一分风雨。”虽然还是以词家习惯运用的情景交融的手法来描写离愁，但设想奇特，不落俗套，给人以新颖巧妙的感觉。词人设想“春色”总体为“三分”，而其中的“二分”是“愁”，“一分”是“风雨”。这样，此时此刻的“春色”就成了“愁”与“风雨”的集合体。而此处的“风雨”，只是表象，实质上是明写风雨暗写愁。这里写“风雨”，用的就是这种以景写情的笔法。所谓三分春色实际上都是愁。词人用全部的春色来写与挚友分手时的离愁别绪，其友情之深，离别之难，不言而喻。作者用笔，貌轻实重，饱含作者的全部感情，确实是情景交融、情深意长。苏轼著名的《水龙吟·次韵章质夫杨花词》有句云：“春色三分，二分尘土，一分流水。”大约即是从此处脱胎。

上片开篇用春色、离愁、风雨，构成了一幅离别图：阳春佳月，风雨凄凄，离愁万绪，为下片抒情作了有力的铺垫。上片由举杯挽留写到离别情怀，由外部行动而至内心感情，多为顺笔。下片则转折颇多。

“花开花谢、都来几许。”紧承上片的离愁别绪，并进一步预写别后的相思。用韩偓《谪仙怨》“花开花谢相思”句意，但作者只写“花开花谢”而不说“相思”，实际上“相思”已包容上片的离愁别绪之中。“都来几许”，是说这种相思总的算来会有多少，由挚友不得长聚而引起的时序更迭、流年暗换的慨叹与迷惘，亦暗寓其中。这两句深化了上片的离愁，但作者马上又冲破了感伤缠绵的氛围，

“且高歌休诉，不知来岁牡丹时，再相逢何处。”用“且高歌休诉”句一变而为高亢旷达。这是对友人的劝慰，也是作者的自我排遣，表现出作者开朗豁达的胸怀。可是一想到别易会难，明年此际不知能否重逢，心里不免又泛起怅惘之情，使全词再见波折。这首词先写离愁，继而排解宽慰，终写怅惘之情，曲折细致，语短情长。

此词具有豪放的风格，显示出作者为人豪爽刚直、不畏权贵的性格特征。

作者掠影

叶清臣（1000～1049），北宋名臣。字道卿，长洲人（今苏州市）。天圣二年（1024 年）榜眼。历任光禄寺丞、集贤校理，迁太常丞，进直史馆。论范仲淹、余靖以言事被黜事，为仁宗采纳，仲淹等得近徙。同修起居注，权三司使。知永兴军时，修复三白渠，溉田六千顷，实绩显著，后人称颂。著

作今存《述煮茶小品》等。皇祐元年卒，年五十（一作四十七）。《宋史》《东都事略》有传。《全宋词》录其词一首。

延伸阅读

叶清臣天资聪慧，好学爽直，遇事敢为。举进士时，知举刘筠觉其对策新奇，选为第二。宋朝进士仅以策夺高第，自清臣始。

初授太常寺奉礼郎、签书苏州观察判官事。还为光禄寺丞、集贤校理，通判太平州、知秀州。入判三司户部勾院，改盐铁判官。

叶清臣曾言九事，主要有：请派去各州县明察暗访，了解百姓疾苦；察看官吏能力；兴太学；训练军队，慎出令，简条约等。出任宣州知州，累迁太常丞，起居注，进直史馆。叶清臣天资爽迈，遇事敢行。叶清臣死后，赠左谏议大夫。

他曾作《董永诗》一首："董生少失母，老父鳏且贫。无田事耕稼，客作奉晨昏。朝推鹿车去，大树为庭藩。农家乏甘旨，糠籺苟自存。父死不得葬，鬻身奉九原。人道孝为本，畎亩知所尊。伤嗟世教薄，至行岂足论。廪禄厚妻子，槁柎遗其亲。靳吝一抔土，因循三尺坟。空令丘壑闲，凛凛惭英魂。"由此可知人们熟悉的《天仙配》故事在北宋已经有雏形。

叶清臣著有文集一百六十卷。其子叶均，为集贤校理。

考试链接

1. 这首词的上片"三分春色二分愁，更一分风雨"两句有何妙处？

2. 这首词写情曲折细致，语短情长，请结合下片"花开花谢，都来几许。且高歌休诉，不知来岁牡丹时，再相逢何处"作简要分析。

编注者：李　琴

【参考答案】

1. 作者运用了以景写情的手法，词人设想三分的“春色”总体为“二分愁”与“一分风雨”的集合体。明写风雨暗写愁，离别之际的“风雨”象征着纷乱的、充满整个空间的离愁别绪和不忍分别的眼泪。故词人眼中的三分春色都是愁，词人用全部的春色来写与挚友分手时的离愁别绪，可见友情之深，离别之难。
2. 这首词先写离愁，继而排解宽慰，最后怅惘伤感。“花开”两句，紧承上片的离愁别绪，并进一步预写别后的相思。“且高歌休诉”句冲破了感伤缠绵的氛围，变为高亢旷达，表达对友人的劝慰。可是一想到别时容易会时难，明年此时不知能否重逢，心里不免又泛起怅惘之情，使全词再见波折。

[南宋] 刘松年 《四景山水图卷》

扫一扫，听朗读

四块玉[1]·别情

[元] 关汉卿

自送别，心难舍，一点相思几时绝[2]？凭阑袖拂杨花雪[3]。溪又斜[4]，山又遮，人去也！

注释

①四块玉：曲牌名。

②绝：断。

③杨花雪：如雪花般飞舞的杨花。语出苏轼《少年游》："去年相送，余杭门外，飞雪似杨花。今年春尽，杨花似雪，犹不见还家。"

④斜：此处指溪流拐弯。

古曲今读

那天与你道别，看着你渐行渐远的背影，我不禁感到万分的不舍。此后何时还能再见到你呢，我心中那绵绵不绝的思念什么时候才能消失呢？

我无力地靠着栏杆，用袖拂去眼前如雪花般飞舞的杨花，尽力地分辨着你模糊的身影。但那小溪迂回曲折，山峦又遮住了我的视线，我只好踮起脚尖朝你远去的方向望去，却已经再也看不到你了。

赏析要点

这是一首描写离别情绪的小令。全曲写女主人公送别心上人之后，心上人仍在心中驻留难忘，令其痛苦欲绝。女子登高眺望他远去的背影，怕杨花阻碍了视线，阻挡目送心上人，表现了难舍难分之情，但终被关山阻隔，不能见到思念的人，这更使她肝肠寸断，女子的痛苦可想而知。

"自送别，心难舍，一点相思几时绝？"曲从别后说起，开端点明了所描写的时间、内容以及送别情人之后难以割舍的心境。别后之情看似淡，看似只有"一点"，却是无休无止，缠绵悱恻。"一点相思几时绝”，是这首小令的重心。关汉卿在这里以“一点”与“几时”对举，表明一种相思，却能惹起长久的万种离愁，留下了永久难以消失的伤痛。这位女子爱她的情人爱得深挚、爱得真切，爱得缠绵，由这几句话得以充分体现。

“凭栏袖拂杨花雪，溪又斜，山又遮，人去也！”这四句寄情于景，描绘了一幅令人心痛欲碎的情境。倚着栏杆伫立凝望着情人远去，因伫立凝望已久，如雪的杨花纷纷飘落在身上，也全然不觉。情人走远了，还在凭栏远眺，频频招手，在招手拂袖间杨花才被拂开去。这一句把送别写得非常逼真。“袖拂杨花”，一个动作，它却包含着思妇的无限愁肠，那种离别的沉痛之情，全凝聚在“人去也”这一声撕心裂肺的长叹之中。

作者掠影

关汉卿（约 1220～1300），元代杂剧奠基人。号已斋、已斋叟。解州人（今山西省运城），元代戏剧作家。在中国乃至全世界都享有崇高的地位。在中国的戏剧史和文学史上，被称为“元杂剧的鼻祖”；与马致远、郑光祖、白朴并称为“元曲四大家”。他是中国古代戏曲创作的代表人物，“元曲四大家”之首。此外，在世界文学艺术史上，享有“中国的莎士比亚”之称；1958 年还被誉为与达·芬奇拥有同样地位的“世界十大文化名人”之一。

以杂剧的成就最大，一生写了 60 多种，今存 18 种，最著名的有《窦娥冤》；关汉卿也写了不少历史剧，如《单刀会》《单鞭夺槊》《西蜀梦》等；散曲今存小令 40 多首、套数 10 多首。关汉卿塑造的“我却是蒸不烂、煮不熟、捶不匾、炒不爆、响当当一粒铜豌豆”（〈不伏老〉）的形象也广为人称，被誉“曲家圣人”。

延伸阅读

凭阑总是销魂处

“凭阑”？靠着栏杆，靠着栏杆极目远眺。可为何要靠着栏杆呢？

“凭阑总是销魂处”，晏殊浅吟低诉道。脑海中浮现出一个个孤独而又执着的身影，他们手抚阑干，吟出内心的愁苦、迷茫、沉郁和愤怒。《四块玉·别情》中以女子的口味，诉说与爱人分别的缠绵悱恻的相思之情，这样一位凭阑女子留给我们的是一种美丽的悲伤，柳永在《蝶恋花》里喟叹着“草色烟光残照里，无言谁会凭阑意”的阑珊之情，岳飞在《满江红》里怒气与豪情尽在凭阑时发泄，辛弃疾更是“把吴钩看了，阑干拍遍！”此时，阑干成了一种承载之物，好像哭泣时朋友的肩膀，文人墨客们将身体的重量依靠在阑干上，将生命中不能承受之重都倚靠在那阑干上。靠在阑干上，不仅放松了双脚，也让心里的郁结得以抒发出来。“阑干”这样易起惆怅之意，在文学作品中它俨然已成为表达离愁、孤独、思乡等等情感的特定意象。

如果说，诗人凭阑是一种诗意的悲伤，那么女子凭阑则是一种美丽的悲伤。在那个“女子无才便是德”的社会里，女子注定是寂寞的，特别是那些倚着阑干的女子，更是在寂寞之中多了一丝江南的诗情画意。“梳洗罢，独倚望江楼”，温庭筠一曲《望江南》将我们带入这样一幅图画中——一位伶仃的女子，穿着一件柔柔的衣衫，纤瘦的身影和玉砌的阑干互相映衬。一切景语皆情语，登高凭栏之处，仿佛可以远离俗世，视线越过重重叠叠的山水，拉近和远去爱人的距离，让自己的思绪随着纷飞的杨花飘至所思、所想、所念之处。

今时今日，雕砌的阑干被不锈钢和有机玻璃取代，然而在前人留下的浩瀚书卷里，我们仿佛仍然能够清晰地触摸到古时檀木或玉砌阑干凹凸的质感，甚至感受到里面彭湃的感情和点点泪痕。“惟有阑干，伴人一霎”，然而我们终究远离了那种美，只能远远地观看了，静静的感觉晏殊说的那句“凭阑总是销魂处”。

考试链接

1. “自送别，心难舍，一点相思几时绝”抒发了该女子怎样的情感?

2. “凭阑袖拂杨花雪”一句有什么作用?

编注者：殷　飞

【参考答案】

1. 借女子之口，直抒胸臆，从别后说起，点明送别情人之后难以割舍的心境，表现了女子爱她的情人爱得深挚、爱得真切、爱得缠绵。
2. 一语双关。“杨花雪”明写如白雪般的柳絮，暗写萦绕心头的对情人的相思之情。

【明】 唐寅 《听琴图》

采桑子·别情

[宋] 吕本中

扫一扫，听朗读

恨君不似江楼[①]月，南北东西；南北东西，只有相随无别离。

恨君却似江楼月，暂满[②]还亏[③]；暂满还亏，待得团圆是几时？

注释

①江楼：靠近江边的楼阁。

②满：指月圆。

③亏：指月缺。

古词今读

可恨你不像江边楼上高悬的明月，不管人们南北东西四处漂泊，明月都与人相伴不分离。

可恨你就像江边楼上高悬的明月，刚刚圆满就又缺了，等到明月再圆不知还要等到何时？

赏析要点

这首词描写一女子的刻骨相思。“思悠悠，恨悠悠”，女子对夫君既恋又怨的爱情动人心弦，撩人心机。一个年轻的女子凭栏远眺，思念她那远去的爱人。月光如水，夜色如梦，引起她无限的情思。月亮从东到西，她在江楼上盼望；月亮从圆到缺，她仍在江楼上等待。真是夜夜盼君不见君，月月盼归不见归。缠绵的思念和深深的离愁，像月光弥漫在字里行间。

这首词比喻贴切，构思精巧，寓情于月中。为什么同一个江楼月，“不似”与“却似”都“恨”呢？上片恨君不如月，月随人不随。下片又恨君如月，常缺不常圆。从不同角度看同一个“江楼月”，恨恋人“不似”和“却似”，烘托了女子思念之苦、离愁之深。比喻巧妙，写法新颖别致，诗意无穷。

这首词富有民歌风味。民歌多感情自然流露，不用典故，而是白描；往往采用重复歌唱的形式。《采桑子》采用白描，意象深邃，感情自然流露。采用重复，声律和美，语言平易流畅。不仅“南北东西”“暂满还亏”两句是反复的，就是上下两片，也有加以变化的重复，如“恨君不似江楼月”与“恨君却似江楼月”只有一字之差。

作者掠影

吕本中（1084～1145），宋代诗人、词人、道学家。字居仁，寿州（今安徽寿县）人，出生于世代显宦之家，“一门四相”，但因党争之累，仕途多受牵制。在南宋初年的斗争中，坚定地站在主战派一边，因忤秦桧而罢官。晚年居信州（今江西上饶），从事讲学，人称“东莱先生”。深受江西诗风影响，诗属江西派，着意师法黄庭坚诗的生新、拗峭。吕本中强调作诗须“遇事而作”，要“待境而生”，积极主张“活法”，强调尽规矩而能变化，提出“好诗流转圆美如弹丸”的看法。著有《春秋集解》《紫微诗话》，《东莱先生诗集》 等。

延伸阅读

一轮明月启相思

月亮成为中国古典文学中独有的一种寄托情感的审美意象，是思妇的思念媒介，也是游子的思乡寄托。夜阑独守空房，孤枕难眠，望见月亮冷淡孤寂就如同自己一样，自然地将月亮作为抒发内心情绪的对象。月亮的阴晴圆缺正与人生的悲欢离合相似，它的明暗隐显也与感情的亲疏浓淡相类。天各一方，月共一轮，月亮自然成为相思的最忠实可靠的信使。

权德舆《秋闺月》在海上天涯人“共见”十五之月的时刻，希望早晚归来“欢宴同”，此刻不能共同欢宴，少妇眼前所见的就是那一轮明月及其皎洁的光辉，“可怜歌吹月明中”“愿随清影到辽东”，既以月为景，又道月有情，月能见她的愁苦，但愿那远行在外的丈夫见了明月也能了解她的愁苦。

李洞的《客亭对月》因花起兴，但他面对的是十五之月，月之圆自然使他想到人应该团圆，与亲人相聚。实际的情形是月亮圆了缺，缺了又圆，月复一月，一年十二度，而游子没有这种享受，“一年十二度圆月，十一回圆不在家”。他并非不想回家，而是浪迹天涯想家也无法回，只有翘首望月，寄托乡愁。

考试链接

1. 本词是以什么人的口气写的？表现了主人公怎样的心绪？

2. 请简要分析这首词运用比喻手法的特点。

编注者：张　路

【参考答案】

1. 本词以一个女子的口气写的。表现了女子对夫君既不满又期盼，既渴望又无奈的复杂心绪。
2. 都是以月为喻体。上片中作者抓住月亮的抬头可见、到处相随的特性，反衬夫君的薄情；下片中作者抓住月亮暂满还亏的特点，写出与夫君聚少离多，同样衬托夫君的薄情。把女子对夫君的思念和怨恨的感情表现得淋漓尽致，使明月这一古老意象焕发出新的光彩。

【明】 唐寅 《桐阴清梦图》

扫一扫，听朗读

好事近[①]·梦中作

[宋] 秦观

春路雨添花，花动一山春色。行到小溪深处，有黄鹂[②]千百。

飞云当面化龙蛇[③]，夭矫[④]转空碧[⑤]。醉卧古藤阴下，了[⑥]不知南北。

注释

①好事近：词牌名，又名钓鱼笛、倚秋千。
②黄鹂：鸟名，鸣声婉转，亦称黄莺、黄鸟。
③龙蛇：似龙若蛇，形容快速移行的云彩。
④夭矫：屈伸自如的样子。
⑤空碧：碧空。
⑥了：完全，全然。

古词今读

一场春雨，给山路上增添了许多鲜花，鲜花在风中摆动，又给满山带来了盎然春色。我走到小溪深处，无数黄鹂飞跃啼鸣。

天空中飞动的云彩在眼前千变万化，宛如奔腾的龙蛇，在碧空中屈伸舒展，十分自如。这时，我正醉卧古藤阴下，朦胧迷离，全然不知南北东西。

赏析要点

这首词是秦观贬监处州酒税时，写自己一次梦中之游的经过。整首词构思新巧，意境幽绝。

上片是写词人春游所见所闻的美景。

首句“春路雨添花”，一场春雨过后，未像历来词人面对落花写徒增的伤感，反写雨后“添花”，雨似是花朵绽放的依托，花朵因得到了雨的滋润更显娇艳动人，和词牌名暗暗应和，给人以浥尽轻尘的快感，为全诗奠定了轻松明快的感情基调。

“花动一山春色”，妙用一个“动”字，化静为动，写活了花的娇艳妩媚之姿，甚至镜头前伸，远看满山遍野红白浅黄之花和着微风轻轻摇曳，绚丽多姿，岂不就是满眼春色直逼人眼？“动”字也使心情愈发怡悦起来了吧？

兴致浓时，“行到小溪深处，有黄鹂千百”，由远及近，曲径通幽，小溪淙淙流过，树林幽深，意境幽美，黄鹂栖息枝头，因为客人的突然到访，一片惊动喧腾，清脆欢快之声四起，更为这山间平添一份活力与生机。春花烂漫，溪水潺潺，百鸟啾鸣，视觉和听觉相互交错，构成了一幅生机勃勃的春意图，令人流连忘返。

下片是写词人的醉酒之态，表露了词人超然尘世的心态。

“飞云当面化龙蛇”一句运用比喻的修辞，视角从低至高，传神地描写了天空阴沉时云彩的形态变幻如龙蛇飞舞，侧重描写了云的动态，时而盘曲，时而翻腾奔涌，奇状迭出，似有黑云压城之感，带来了强烈的视觉冲击。

“夭矫转空碧”一句，在时间变化中，奇形变幻的云块不久慢慢地淡化，最终完全消失，天空又是一片澄澈蔚蓝。这不仅是指天色的豁然开朗，还是词人由郁结到顿悟的明朗心情的流露。

“醉卧古藤阴下，了不知南北”二句，由动至静，是词人面对这美好明媚的春光，情不自禁地把酒狂饮，醉卧在古藤树下，酒不醉人人自醉，春色和美酒已完全融化在酣醉沉沉的作者身上了。由静起，再至静落笔。这是一种不负春光、醉倒春光、身与物化的人生境界，是宠辱偕忘，淡然闲适，神游万物之表，与天地山水共存的超脱空灵。

这种忘身于外，物我一体的人生境界，实际是词人人生遭遇的曲折反映。仕途坎坷，屡遭排挤贬谪，现实中无法排遣的压抑和苦闷，在词人假托的花香鸟语的美妙梦境中得到了解脱和释放。梦境中，他置凡尘俗世纷扰不顾，只欣赏陶醉于眼前的春风暖阳、春花小溪这般绚烂美景，他的醉酒也不同于以往的借酒浇愁，而是陶醉于当下的开怀痛饮，是和愁伤从此了结的潇洒豪饮。借美梦消愁，实际反衬出词人消极出世的思想，是对当时社会现实的一种消极抗争。

作者掠影

秦观（1049～1100），北宋文学家、词人，被尊为婉约派一代词宗。字少游，一字太虚，北宋高邮（今江苏省高邮市）人，别号邗沟居士，学者称其淮海居士。宋神宗元丰八年（1085 年）进士。曾任太学博士（即国立大学的教官）、秘书省正字、国史院编修官。政治上倾向旧党，哲宗时“新党”执政，被贬为监处州酒税，徙郴州，编管横州，又徙雷州，至藤州而卒。他与黄庭坚、晁补之、张耒号称为“苏门四学士”，颇得苏轼赏识。秦观生性豪爽，洒脱不拘，溢于文词。他十五岁丧父，自幼研习经史兵书。代表作品有《鹊桥仙》《淮海集》《淮海居士长短句》。

延伸阅读

秦观和柳永的相似之处

秦观和柳永都是婉约派的著名代表人物，在生活经历和创作风格方面有许多相同的地方。秦观师从名门，高中进士，一落笔便赢得四方褒奖，年轻时也曾一度“强志盛气，好大而见奇”，但性格偏于柔弱。秦观与苏轼情兼师友，政治上的挫折把他们牵连在一起，接二连三的贬官，使秦观大受打击。命运弄人，一代文豪最后竟死在荒蛮之地，令人无限感慨。

柳永出身官宦世家，参加科举，屡试不中，由追求功名转而厌倦官场，遂一心填词。柳永性格柔软，也是在担惊受怕中度过他懦弱一生的。他经历了父亲的离世，家道中落，最后他深爱的结发妻子倩娘也小产死去，晚景凄惨。

两者很多诗词都突出描写男女之情。如秦观的《水龙吟》，写足实情实景，两副笔墨写出男女两方心情，深情绵邈，婉转凄恻。柳永的《雨霖铃》，虚实结合，描写景物，将离别之情表现得淋漓尽致，更为细腻曲折。其次，两人词作在结构上都心思慎密，音律和谐，语言圆润绮丽。如他们都写有《望海潮》，将这两首词放在一起比较，可以清楚地看到相同之处，可以说风格如出一辙。比较而言，柳永的词多数写得较实，而秦观有敏锐的感受力，词作委婉朦胧。

二者感叹起身世来也很相似，柳永的感情可用一个字概括，那就是“忍”，他不舍功名，但是欲济无舟楫，心中愤懑不满。秦观一生曾受两次贬谪，他希望自己“达”有兼济天下的志向，“穷”则有独善其身的修养，然而仍无法摆脱悲哀。在贬到郴州之后，秦观写了一首非常哀婉的小词：“雾失楼台，月迷津渡，桃源望断无寻处。可堪孤馆闭春寒，杜鹃声里斜阳暮。驿寄梅花，鱼传尺素，砌成此恨无重数。郴江幸自绕郴山，为谁流下潇湘去？”(《踏莎行·郴州旅舍》)。王国维在《人间词话》中说：“少游词境最为凄婉，至‘可堪孤馆闭春寒，杜鹃声里斜阳暮’则变为凄厉矣。”令人想到屈原的《天问》，当他遭到放逐后，屈原对一切都产生了质疑，理想在现实中被撕破，于是现实就成了它的敌人，你为什么、凭什么是这样？我偏不愿你这样，这就是秦观和屈原深沉的心声。

家庭背景、社会背景造就了柳永和秦观的性格，也决定了他们的人生。两位词人一生仕途失意，郁郁寡欢，留下的词作却成为中国文学史上熠熠生辉的名篇，永远被世人传唱。

考试链接

1. 上阕描写了词人梦中绮丽的景色，请用自己的语言描写词句中的景象。

2. 如何理解词的尾句？表达了诗人怎样的情感？

编注者：江　敏

【参考答案】

1. 春路上下了一场春雨，浥尽尘轻，春雨过后，春花盛开之处一片绚烂，放眼望去，山间一片明媚：行至小溪，曲径通幽，无数只栖息在枝头黄鹂惊动喧腾。
2. 结尾两句由动至静，是词人面对这美好明媚的春光，情不自禁地把酒狂饮，醉卧在古藤树下，酒不醉人人自醉，春色和美酒已完全融化在酣醉沉沉的作者身上了。词人借梦消愁，反衬出消极出世的思想，是对当时社会现实的一种消极抗争。

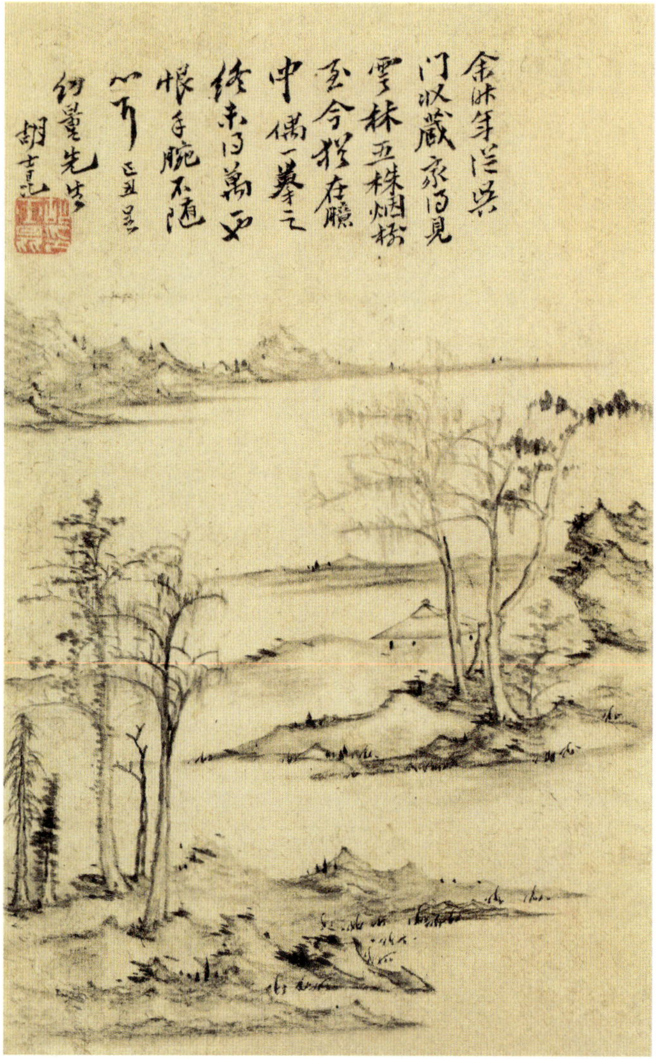

［清］胡士昆《赠幼量先生书画册》

渔家傲[1]·秋思

[宋] 范仲淹

扫一扫，听朗读

塞[2]下秋来风景异，衡阳雁去[3]无留意。四面边声[4]连角起，千嶂[5]里，长烟落日孤城闭。

浊酒一杯家万里，燕然未勒[6]归无计。羌管[7]悠悠[8]霜满地，人不寐，将军白发征夫泪。

注释

①渔家傲：词牌名，北宋流行，有用以作“十二月鼓子词”者，也是曲牌名，南北曲均有。南曲较常见，属中吕宫，又有二：其一字句格律与词牌同，有只用半阕者，用作引子；另一与词牌不同，用作过曲。

②塞：边界要塞之地，这里指西北边疆。

③衡阳雁去：传说秋天北雁南飞，至湖南衡阳回雁峰而止，不再南飞。

④边声：边塞特有的声音，如大风、号角、羌笛、马啸的声音。

⑤千嶂：绵延而峻峭的山峰，崇山峻岭。

⑥燕然未勒：指战事未平，功名未立。燕然：即燕然山，今名杭爱山，在今蒙古国境内。据《后汉书·窦宪传》记载，东汉窦宪率兵追击匈奴单于，去塞三千余里，登燕然山，刻石勒功而还。

⑦羌管：即羌笛，出自古代西部羌族的一种乐器。

⑧悠悠：形容声音飘忽不定。

古词今读

秋天到了，西北边塞的风光和江南不同。大雁又飞回衡阳了，一点也没有停留之意。黄昏时，军中号角一吹，周围的边塞之声也随之而起。层峦叠嶂里，暮霭沉沉，山衔落日，孤零零的城门紧闭。

饮一杯浊酒，不由得想起万里之外的家乡，未能像窦宪那样战胜敌人，刻石燕然，不能早作归计。悠扬的羌笛响起来了，天气寒冷，霜雪满地。夜深了，将士们都不能安睡：将军为操持军事，须发都变白了；战士们久戍边塞，也流下了伤心的眼泪。

赏析要点

宋仁宗朝，西夏是从西北方面侵扰中原的强大敌人。1040 年，范仲淹任陕西经略副使兼知延州（陕西延安），在边城的防御上起了很大的作用；但朝廷腐败，败多胜少，只能坚守以稳定大局。本词即作于此时。

上片着重写景。起句“塞下秋来风景异”，“塞下”点明了延州的所在区域。它处在层层山岭的环抱之中；下句提到对西夏的军事斗争。“长烟落日”，颇得王维名句 “大漠孤烟直，长河落日圆”之神韵，写出了塞外的壮阔风光。而在“长烟落日”之后，紧缀以“孤城闭”三字，把所见所闻诸现象连缀起来，展现在人们眼前的是一幅充满肃杀之气的战地风光画面，隐隐地透露宋朝不利的军事形势。上片一个“异”字，统领全部景物的特点：秋来早往南飞的大雁，风吼马啸夹杂着号角的边声，崇山峻岭里升起的长烟，西沉落日中闭门的孤城……作者用近乎白描的手法，描摹出一幅寥廓荒僻、萧瑟悲凉的边塞鸟瞰图。

下片起句“浊酒一杯家万里”，是词人的自抒怀抱。他身负重任，防守危城，天长日久，难免起乡关之思。这“一杯”与“万里”数字之间形成了悬殊的对比，也就是说，一杯浊酒，消不了浓重的乡愁，造语雄浑有力。乡愁皆因“燕然未勒归无计”而产生。“羌管悠悠霜满地”，写夜景，在时间上是“长烟落日”的延续。“人不寐”，补叙上句，表明自己彻夜未眠，徘徊于庭。全词结束在“人不寐，将军白发征夫泪”二句上，此二句从写景转入写情。戍边将士上下一心，同仇敌忾，本可以战胜敌人，无奈朝廷奉行的是不抵抗政策，戍守艰苦，又无归计，人怎么能睡得着呢！旷日持久的守边白了将军的头，使征夫洒下许多思乡的热泪。下片抒情，将直抒胸臆和借景抒情相结合，抒发的是作者壮志难酬的感慨和忧国的情怀。

这首边塞词既表现将军的英雄气概及征夫的艰苦生活，也暗寓对宋王朝重内轻外政策的不满，爱国激情，浓重乡思，兼而有之，构成了将军与征夫思乡却渴望建功立业的复杂而又矛盾的情绪。综观全词，意境开阔苍凉，形象生动鲜明，反映出作者耳闻目睹、亲身经历的场景，表达了作者自己和戍边将士们的内心感情，读起来真切感人。

作者掠影

范仲淹（989～1052），北宋著名文学家、政治家、军事家、教育家。字希文，谥文正，亦称范履霜。祖籍邠州（今陕西省彬县），后迁居苏州吴县（今江苏省吴县）。他为政清廉，体恤民情，刚直不阿，力主改革，屡遭奸佞诬谤，数度被贬。皇祐四年五月二十日（1052 年 6 月 19 日）病逝于徐州，终年 63 岁。是年十二月葬于河南洛阳东南万安山，谥文正，封楚国公、魏国公。有《范文正公集》传世，通行有《四部丛刊》影印本，附《年谱》及《言行拾遗事录》等。他的文学素养很高，代表作品有《岳阳楼记》，其中“先天下之忧而忧，后天下之乐而乐”为千古名句。

延伸阅读

创作背景

提到范仲淹，人们很容易想到他那篇有名的《岳阳楼记》，而很少记起他的词作。同样，因为文章，人们大多认他作文官，而很少当他为武将。这首词，可以弥补这种认识的不足。

1038 年西夏元昊称帝后，连年侵宋。由于积贫积弱，边防空虚，宋军一败于延州，再败于好水川，三败于定川寨。1040 年（宋康定元年）至 1043 年（庆历三年）间，范仲淹任陕西经略副使兼延州知州。延州当西夏出入关要冲，战后城寨焚掠殆尽，戍兵皆无壁垒，散处城中。但范仲淹到延州后，选将练卒，招抚流亡，增设城堡，联络诸羌，深为西夏畏惮，称“小范老子腹中有数万甲兵”。此词可能即作于知延州时。原有数阕，皆以“塞下秋来”为首句，欧阳修尝称为“穷塞外之词”（宋魏泰《东轩笔录》卷十一）。但流传至今的却只有此词。

此词沉雄开阔的意境和苍凉悲壮的气概，把西北边陲的羌管笳鼓声带进词坛，使词逐步步扭转当时绮丽诡谲的词风，向社会化靠拢，旁枝独秀于艳词之外，对苏轼、辛弃疾等也有很大的影响。

考试链接

1.“塞下秋来风景异”的“异”字表现了边陲之地的____________。

2. 请谈谈你对“人不寐，将军白发征夫泪”一句的理解。

3. 就表达方式而言，这首词的上阕运用了____________，下阕运用____________。

4. 由“长烟落日孤城闭”的词句，可以使人联想到王维《使至塞上》表达塞外奇特壮美景象的诗句“____________”。

编注者：郭丙华

【参考答案】

1. 与中原不同的孤寂荒凉
2. 表现了诗人壮志难酬和思乡忧国之情。
3. 描写　抒情
4. 大漠孤烟直，长河落日圆

[明]　仇英　《射杨图》

扫一扫，听朗读

江城子[1]·密州出猎

［宋］苏轼

老夫[2]聊[3]发少年狂，左牵黄，右擎苍[4]，锦帽貂裘[5]，千骑卷平冈。为报倾城[6]随太守[7]，亲射虎，看孙郎[8]。

酒酣胸胆尚开张，鬓微霜，又何妨！持节[9]云中[10]，何日遣冯唐[11]？会挽雕弓[12]如满月，西北望，射天狼[13]。

注释

①江城子：词牌名。

②老夫：作者自称，时年三十八。

③聊：姑且，暂且。

④左牵黄，右擎苍：左手牵着黄犬，右臂擎着苍鹰，形容围猎时追捕猎物的架势。

⑤锦帽貂裘：锦帽，名词作动词使用，头戴着华美鲜艳的帽子。貂裘，身穿貂鼠皮衣，是汉羽林军穿的服装。

⑥倾城：全城的人都出来了。形容随观者之众。

⑦太守：指作者自己。

⑧孙郎：孙权，这里借以自喻。

⑨节：兵符，传达命令的符节。

⑩云中：汉时郡名，今内蒙古自治区托克托县一带，包括山西省西北一部分地区。

⑪遣冯唐：据《史记·张释之冯唐列传》记载，汉文帝时，魏尚为云中太守，抵御匈奴有功，只因报功时多报了六个首级而获罪削职。后来，文帝采纳了冯唐的劝谏，派冯唐持符节到云中去赦免了魏尚。

⑫雕弓：弓背上有雕花的弓。

⑬天狼：星名，又称犬星，旧说指侵掠，这里隐指西夏。词中以之隐喻侵犯北宋边境的辽国与西夏。

古词今读

让老夫我姑且抒发一下少年的豪情壮志，左手牵着黄犬，右臂擎着苍鹰，头上戴着华美锦缎做的帽子，穿着貂皮做的大衣，带上千余骑骠马的随从疾风般威武雄壮地席卷平坦小山冈。为了酬报太守，人们倾城出动，紧随身后，我要像英姿勃发，意气豪放的孙权一样，亲自搭弓射虎。

我痛饮美酒，心胸更开阔，胆气更豪壮。两鬓虽生微微白发，可这又有何妨？什么时候朝廷能派遣冯唐式的义士来为我请命，让我像魏尚一样受到重用，戍边卫国呢？我也能拉开雕弓圆如满月，随时警惕地注视着西北方，勇敢地将利箭射向入侵之敌。

赏析要点

这首词作于 1075 年（熙宁八年）冬，当时苏轼 38 岁，任密州知州。苏轼词风于这时正式形成，这首词即公认的作者第一首豪放词。苏轼对这首痛快淋漓之作颇为自得，此词一反“诗庄词媚”的传统观念，“一洗绮罗香泽之态，摆脱绸缪宛转之度”，拓宽了词的境界，树起了词风词格的另一旗帜。

“老夫聊发少年狂，”开篇出手不凡。这首词通篇纵情放笔，气概豪迈，一个“狂”字贯穿全篇。

“左牵黄，右擎苍，锦帽貂裘，千骑卷平冈。”接下来的四句写出打猎的雄壮场面，表现了猎者威武豪迈的气概：词人左手牵黄犬，右臂擎苍鹰，好一副出猎的雄姿！随从武士个个也是“锦帽貂裘”，打猎装束。千骑奔驰，腾空越野，好一幅壮观的出猎场面！

“为报倾城随太守，亲射虎，看孙郎。”为报全城士民盛意，词人也要像当年孙权射虎一样，一显身手。作者引用典故以少年英主孙权自比，更是显出东坡“狂”劲和豪兴来。

词上阕主要写“出猎”这一特殊场合下表现出来的词人举止神态之“狂”。下阕更由实而虚，进一步写词人“少年狂”的胸怀，抒发由打猎激发起来的壮志豪情。

“酒酣胸胆尚开张，”东坡为人本来就豪放不羁，再加上“酒酣”，就更加豪情洋溢、胆气更壮了。过片一句，言词人酒酣之后，胸胆更豪，兴致益浓。此句以对内心世界的直抒，总结了上阕对外观景象的描述。

“鬓微霜，又何妨！”接下来，作者倾诉了自己的雄心壮志：尽管“老夫”老矣，鬓发斑白，又有什么关系！以“老”衬“狂”，更表现出作者壮心未已的英雄本色。

“持节云中，何日遣冯唐？”北宋仁宗、神宗时代，国力不振，国势羸弱，时常受到辽国和西夏的侵扰，令许多崇尚气节之士义愤难平。想到国事，想到自己怀才不遇、壮志难酬的处境，于是苏轼借出猎的豪兴，将深隐心中的夙愿和盘托出，不禁以西汉魏尚自况，希望朝廷能像汉文帝派冯唐持节赦免魏尚一样前来召自己回朝，对自己委以重任赴边疆抗敌。其“狂”字下面潜涵的赤诚令人肃然起敬。

“会挽雕弓如满月，西北望，射天狼。”那时，他将挽弓如满月，狠狠抗击西夏和辽的侵扰。作者以形象的描画，表达了自己渴望一展抱负、杀敌报国、建功立业的雄心壮志，表达了自己强国抗敌的政治主张，抒写了渴望报效朝廷的壮志豪情。

此作是千古传诵的东坡豪放词代表作之一。词中写出猎之行，抒兴国安邦之志，拓展了词境，提高了词品，扩大了词的题材范围，为词的创作开创了崭新的道路。作品融叙事、言志、用典为一体，调动各种艺术手段形成豪放风格，多角度、多层次地从行动和心理上表现了作者宝刀未老、志在千里的英风与豪气。

作者掠影

苏轼（1037～1101），宋代文学最高成就的代表。字子瞻，号东坡居士。四川眉州眉山（今属四川省眉山市）人，祖籍河北栾城。一生仕途坎坷，学识渊博，天资极高，在诗、词、散文、书、画、美食、教育、药理、水利等方面取得了很高的成就。

其词开豪放一派，大气磅礴，旷达自然，与辛弃疾并称“苏辛”；其诗歌题材广阔，清新豪健，善用夸张、比喻，艺术表现独具风格，与黄庭坚并称“苏黄”；其散文汪洋恣肆，明白畅达，与欧阳修并称“欧苏”，为“唐宋八大家”之一；其书法擅长行书、楷书，能自创新意，用笔丰腴跌宕，有天真烂漫之趣，与黄庭坚、米芾、蔡襄并称“宋四家”；其画尤工，主张神似，提倡“士人画”，特擅墨竹、怪石、枯木等；其教育方面不必说，门下有“苏门四学士”，苏东坡居儋三年自编教材开院讲学。大观三年，他的学生符确科举考取进士——结束了儋州文士无一及第的历史，使儋州成为海南历史上第一位进士诞生的摇篮。

传说苏轼也是一位美食家，号称“饕翁”，且能亲自下厨烧菜，并还发明了好多精美的膳食，流传下来的美食有“东坡肘子”“东坡肉”“东坡豆腐”“东坡墨鱼”等等；据说他也是一位医药学家，流放海南时就地采药能为当地人治病。

苏轼真可堪称为“千古文坛第一人”。苏轼和父亲苏洵、弟弟苏澈在北宋文坛并称为“三苏”。清人张鹏翩撰三苏祠用联：“一门父子三词客，千古文章四大家”充分褒扬苏家父子且突出苏轼的贡献。有《苏东坡全集》和《东坡乐府》等传世。

延伸阅读

舌尖上的苏东坡——其实我才是“吃货”

都说“民以食为天”，中国饮食文化的确博大精深。有老外说：来中国，不让这里的美食和美酒刺激一下你的味蕾，绝对是少了一种奇妙极致的体验。

前些年，随着央视纪录片《舌尖上的中国》走红，“吃货”一词被美食爱好者们经常挂在嘴边。其实，“吃货”古已有之，我们翻开历史的长卷就会发现，著名诗人苏东坡就是个纯正的“吃货”，他对美食有着异常的执着与考究。

苏东坡在黄州做官时，非常喜欢吃猪肉，而且还认真摸索出了一套独特的猪肉烹制方法，把五花肉切成大块，加葱、姜、酱油、料酒，慢火细焖，煨制成酥香味美、肥而不腻的红烧肉。苏轼不但爱吃这种红烧肉，而且还写了一首有名的打油诗《猪肉颂》，这首诗当中，也记录了当时“东坡肉”最原生态的做法及起源追溯。

净洗铛，少著水，柴头罨烟焰不起。

待他自熟莫催他，火候足时他自美。

黄州好猪肉，价贱如泥土。

贵者不肯吃，贫者不解煮，

早晨起来打两碗，饱得自家君莫管。

后来，苏东坡任杭州知府，他带领当地人民为西湖疏浚，并修建了著名的“苏堤”。为了犒劳民众，他命人按黄州的烹制方法做成红烧肉，用来犒劳大家。人们吃后，都觉得这肉汁浓味醇，糯而不腻，十分可口，于是纷纷效仿。从此，民间便把这种红烧肉命名为“东坡肉”，这道名菜一直流传至今。

湖北黄州的豆腐自古出名，精于烹饪之道的苏东坡，也忍不住亲自操勺，创了一道名菜：“东坡豆腐”。东坡豆腐的制作方法很简单，以黄州豆腐为主料，将豆腐放入面粉、鸡蛋、盐等制成的糊中挂糊，再放入五成热的油锅里炸制，然后捞出来沥油；锅内放底油、笋片、香菇和调味料，最后放入沥过油的豆腐，煮至入味，出锅即成。东坡豆腐质嫩色艳，鲜香味醇，酷似猪肘，曾被南宋的林洪记入《山家清供》一书。

杭州西湖盛产鲤鱼，苏东坡在传统鲤鱼烹调方法上又有创新。他先把鲤鱼用冷水洗过，擦上盐，鱼肚子里塞上白菜心，然后放在煎锅里，放几根小葱白，不用翻动，一直煎。半熟时，放几片生姜，再浇点儿咸萝卜汁和酒。快熟时，再放上几片橘子皮，出锅趁热端到桌上吃，味道极美。这道菜后来被称为“东坡鱼”。

看到这里，酒友们是不是觉得每一道都是可口的下酒菜呢？除此之外，苏东坡这个吃货还有很多美食发明，比如他还特别爱吃羊肉，他认为羊肉里最好吃的要数羊脊肉，吃起来有“蟹味”，这其实就是现在流行的“羊蝎子”。后来，苏东坡还将东坡肉加上梅干菜，做成了新鲜美味的“梅菜扣肉”，将东坡鱼加入惠州陈醋，做成有名的“醋鱼”。

苏东坡的诗词很多都和美食有关，《菜羹赋》《豆粥》《鲸鱼行》等，都是记录美食的佳作。在他著名的《老饕赋》中，有这样一句：“盖聚物之夭美，以养吾之老饕。”意思是说，汇聚全天下最好的美味，来供养我这个老馋鬼。苏东坡以“老饕”自居，成为文人享受美食的代表。所以，除了文豪之外，我们似乎更应该给苏东坡另外一个标签，那就是——吃货！

古代文人饮酒玩情调，一味追求新奇，有的干脆自酿自饮。比如，宋代黄庭坚、陆游先后赋诗称赞自酿的“醇碧酒”。当然，苏东坡也非常喜欢酿酒和饮酒。北宋时，苏东坡被贬至惠州时，写了一首酒诗，表达了酿酒与品酒之乐：“有隐居者，以桂酒方教吾，酿成，而玉色香味超然，非世间物也。”

苏东坡，一生除了写诗作赋，还爱自酿好酒和开发原创菜系。

原来，他才是最早的纯正“吃货”。

考试链接

1. 对这首词鉴赏不正确的一项是（　　）

A. 词的上阕描绘打猎的壮阔场面，下阕抒发由打猎激发出来的胸襟抱负。全词由实而虚，由叙事而抒怀。

B. 苏轼作此词时正值壮年，而以老夫自称，是因为作者心怀壮志却仕途坎坷，深感岁月易逝，人生易老，所以才要“聊发少年狂”。

C. 作品融叙事、言志、用典为一体，调动多种艺术手法，表现了作者宝刀未老、志在千里的英雄豪气。

D. 此作是东坡豪放词的代表作之一。季羡林说：“苏轼是中国文学史和艺术史上最全面的伟大天才。”苏轼的才能是多方面的，在词的创作上，他摆脱了婉约派的传统，创豪放词派，与辛弃疾并称“苏辛”，二人成了宋朝豪放词派的代表人物。

2. 说说“遣冯唐”“射天狼”两个典故分别表达词人怎样的思想感情？在表达上有什么好处？

编注者：张　驰

【参考答案】

1. B　B项的“深感岁月易逝，人生易老”理解有误。
2. “遣冯唐”这是词人以魏尚自喻，意思是说，什么时候朝廷能像派冯唐赦免魏尚那样起用自己呢？“射天狼”，这里用天狼星代指从西北来进扰的西夏军队。词人在这句中表达了自己要报效国家，抵御入侵者，建功立业的决心。好处是运用典故，使表达委婉含蓄。

［明］沈周《苍崖高话图轴》

南乡子·登京口北固亭有怀[1]

[宋] 辛弃疾

扫一扫，听朗读

何处望神州[2]？满眼风光北固楼[3]。千古兴亡[4]多少事？悠悠[5]。不尽长江滚滚流[6]。

年少[7]万兜鍪[8]，坐断[9]东南战未休[10]。天下英雄谁敌手[11]？曹刘。生子当如孙仲谋。

注释

①南乡子：词牌名。登京口北固亭有怀，题目。

②神州：代指中国，这里指中原地区。

③北固楼：即北固亭。基于诗词押韵的需要，故改“亭”为“楼”。

④兴亡：指国家的兴盛和衰亡，朝代更替。

⑤悠悠：无穷无尽。

⑥不尽长江滚滚流：出自杜甫《登高》：无边落木萧萧下，不尽长江滚滚来。

⑦年少：年轻人，指孙权。

⑧万兜鍪（móu）：千军万马。兜鍪，古代战士戴的头盔，这里代称士兵。

⑨坐断：占据，把持。

⑩休：停止。

⑪敌手：能力相当的对手。“敌”是匹敌的敌，不是仇敌的敌。

古词今读

哪里能够看见广阔的中原地区？（我）登上北固楼欣赏江南的美丽风光。从古到今，有多少国家兴盛和衰亡的故事呢？往事连绵不断，就像那没有尽头的长江水滚滚东流。

孙权年纪轻轻就能够统率千军万马，占据东南一带，坚持抗战，没有向对手低头和屈服过。天下英雄谁是与孙权能力相当的对手呢？只有曹操和刘备而已。难怪曹操会说，生的儿子就应当像孙仲谋那样。

赏析要点

“何处望神州？满眼风光北固楼。”词人站在北固楼上，极目远眺，可是再难看到辽阔的中原故土，美丽的风光只有眼前这些而已。词人是有疑而问吗？当然不是。此时，南宋与金以淮河为界，苟且偷安，词人的心是痛的，所以他发此一问，其实表达了他对收复中原、统一全国的强烈愿望。

“千古兴亡多少事？悠悠。”词人由眼前景延宕开去，发出了惊天第二问。从古到今，国家兴盛和衰亡，岂是人力所为的？即便曾经强盛一时，如今也随时光而逝。说不尽，道不完。悠悠，表现时间之久远，词人思绪之无穷也。

“不尽长江滚滚流。”历史的变迁，国家的更迭，就如长江水滚滚东流，永不停息。此句出自唐代大诗人杜甫的《登高》一诗“无边落木萧萧下，不尽长江滚滚来”。

说古是为了讽今。对千古兴亡之事加以感叹，是因为抒写对当今时政的不满之意。追根溯源，朝政混乱，偏安一隅，外敌入侵，纷争不断的根本原因是朝廷统治者的昏庸无能。由此自然引入对三国时代的英雄人物孙权的赞颂。孙权在执政五十二年间，西联蜀汉，北抗曹魏，形成三足鼎立之势，其成为秦始皇统一六国后入主江南的第一位皇帝。这样的英雄，词人不禁赞叹：“年少万兜鍪，坐断东南战未休。”

在词人心目中，孙权有着统一天下的雄心，这一点与词人是心灵契合的。词人希望当今朝廷有这样的英雄人物出现。孙权年幼即执掌江东政权，面对强敌曹军来犯，毫不怯懦，并曾经与刘军联手，打了一个漂亮的赤壁之战，使得曹军很长一段时间不敢再犯。放眼天下，竟少有人能与之相提并论。于是，词人发出第三问：“天下英雄谁敌手？曹刘。”只有曹操、刘备才称得上是孙权的对手。而从年龄上来看，孙权称得上雄姿英发，青春正盛。所以，曹操说：“生子当如孙仲谋。”词人借用曹操的话，再次表示了他对孙权的欣赏和钦慕。言外之意是，真正优秀的统治者，面对外敌入侵，不应该采取妥协退让、苟且偷安的求和态度，而应该像孙权一样，用战争来求得最终的和平。

辛弃疾对孙权的关注，也可以在他的另一首词《永遇乐·京口北固亭怀古》中搜寻到。“千古江山，英雄无觅孙仲谋处。舞榭歌台，风流总被雨打风吹去。”孙权的故宫消失掉了痕迹，但他的英雄事迹在人们心中扎下了根。两首词都表达了词人对古代英雄人物的追慕和对当代朝廷统治者软弱无能的嘲讽。

作者掠影

辛弃疾（1140～1207），南宋豪放派代表词人之一，与苏东坡并称“苏辛”，又与李清照并称“济南二安”，才名远播。一字幼安，号稼轩。著有词集《稼轩长短句》。开禧三年，病逝，年六十八。后赠少师，谥号“忠敏”。

辛弃疾一生著作颇丰，从内容上看，主要分为两类：一类为战争题材，抒写收复中原、统一全国的豪情，多发壮志难酬之怨；一类是描写田园生活，表达对农村美丽风光和自由生活的向往。

辛弃疾出生时，中原已为金兵所占。他少年即主战抗金，并著有《美芹十论》《九议》，条陈战守之策。其时，朝廷的主和派对他横加排斥，使得他壮志难酬。这在他的诸多词作中都有反映。而此类词作的爱国主义主题，艺术上的创新精神，在当时的文学史上产生了巨大的影响。当然，尽管辛弃疾对于自己的仕途坎坷、对于国家的多灾多难体悟较深，但他始终不敢直陈其弊，只能借助大量的历史掌故来抒写真情。我们在学习辛弃疾词作时，常常会认为其用语晦涩，意蕴高深，正是这个缘故。

罢官之后，辛弃疾回到上饶，开始了他的赋闲生活。闲云野鹤般的田园生活让诗人文思泉涌，写下了大量优美清新的田园诗。在这些词作中，辛弃疾描写家乡的美景，表达对乡村生活的热爱，呈现不一样的创作风格。

延伸阅读

壮志未酬

嘉泰三年（1203年），主张北伐的韩侂胄起用主战派人士，时年六十四岁的辛弃疾被任命为绍兴知府兼浙东安抚使，年迈的辛弃疾精神为之一振。他先后被起用为绍兴知府、镇江知府等职。第二年，他晋见宋宁宗，慷慨激昂地说了一番金国“必乱必亡”（《建炎以来朝野杂记》乙集），并亲自到前线镇江任职。

辛弃疾任镇江知府时，登临北固亭，感叹对自己报国无门的失望，凭高望远，抚今追昔，于是写下了《永遇乐·京口北固亭怀古》这篇传唱千古之作。但他又一次受到了沉重打击，在一些谏官的攻击下被迫离职，辛弃疾怀着满腔忧愤回瓢泉。

开禧三年（1207 年）秋，朝廷再次起用辛弃疾为枢密都承旨，令他速到临安（杭州）赴任。但诏令到铅山时，辛弃疾已病重卧床不起，只得上奏请辞。同年九月初十（10 月 3 日），辛弃疾带着忧愤的心情和爱国之心离开人世，享年六十八岁。据说他临终时还大呼“杀贼！杀贼！”（《康熙济南府志·人物志》）。朝廷闻讯后，赐对衣、金带，命其以守龙图阁待制致仕，特赠四官。绍定六年（1233 年），追赠光禄大夫。德祐元年（1275 年），经谢枋得申请，宋恭帝追赠辛弃疾为少师，谥号“忠敏”。

考试链接

1.“何处望神州”中的“神州”指什么地方？

2.作者说孙权是英雄的依据是什么？请用自己的话概述。

3. 作者赞颂孙权的用意是什么？

编注者：霍永香

【参考答案】

1. 指“中原地区”或是“中原大地”。
2. 年纪轻轻就当上上万士兵的统帅，不满足占有东南一方，敢于和强大的曹操以及刘备抗衡，连一代枭雄的曹操对他也充满赞叹和佩服。
3. ①借古讽今，抒发作者对南宋统治者苟且偷安、不求收复失地的投降路线的愤懑之情；
②希望能有像孙权那样有才略的人来领导抗金斗争，统一祖国。

[元] 佚名 《饲马图》

破阵子[1]·为陈同甫赋壮词以寄之

[宋] 辛弃疾

醉里挑灯看剑[2]，梦回吹角连营。八百里[3]分麾下[4]炙[5]，五十弦[6]翻塞外声[7]。沙场秋点兵[8]。

马作的卢飞快[9]，弓如霹雳[10]弦惊。了却[11]君王天下事[12]，赢得生前身后名。可怜[13]白发生！

扫一扫，听朗读

注释

①破阵子：词牌名。

②看剑：查看宝剑。准备上战场杀敌的形象。说明作者即使在醉酒之际也不忘抗敌。

③八百里：指牛。《世说新语·汰侈》“晋王恺有良牛，名‘八百里驳’”。后诗词多以“八百里”指牛。

④麾（huī）下：指部下。麾，军旗。

⑤炙（zhì）：烤肉。

⑥五十弦：本指瑟，泛指乐器。

⑦塞外声：以边塞作为题材的雄壮悲凉的军歌。

⑧点兵：检阅军队。

⑨马作的（dí）卢（lú）飞快：战马像的卢马那样跑得飞快。作，像，如，像…一样。的卢，马名。一种额部有白色斑点性烈的快马。相传刘备曾乘的卢马从襄阳城西的檀溪水中一跃三丈，脱离险境。

⑩霹雳（pī lì）：特别响的雷声，比喻拉弓时弓弦响如惊雷。

⑪了（liǎo）却：了结，完成。

⑫天下事：此指恢复中原之事。

⑬可怜：可惜

古词今读

醉里挑亮油灯观看宝剑，梦中回到响彻号角声的军营。把烤好的牛肉分给将士做犒劳，让乐器奏起雄壮的军乐鼓舞士气。这是秋天在战场上阅兵。

战马如的卢马一样跑得飞快，弓箭像雷霆一样震耳离弦。（我）一心想替君王完成收复国家失地的大业，无论生前死后都能博得传扬天下的美名。只可惜（现在）已是白发丛生！

赏析要点

这首词塑造了一个壮岁驰骋疆场、暮年仍壮心不已却有志难伸、壮志难酬的悲剧英雄形象，正是作者自己的化身。

上阕通过沙场点兵场面的描绘，追忆驰骋疆场的壮年岁月。作者闲居家中心情苦闷，只能借酒浇愁；然而，就是在深夜酒醉之时，还一次又一次地拨亮灯火，久久地端详着曾伴随自己征战杀敌的宝剑，渴望着重上前线，挥师北伐。首句“醉里挑灯看剑”是实写，眼前场景，六个字，用三个连续的、富有特征性的动作，塑造了一个壮士的形象，“看剑”表示雄心，“挑灯”点出时间，醉里还挑灯看剑是写念念不忘报国。作者带着这样的思念和渴望进入梦中，次句“梦回吹角连营”是虚写，梦中场景，拂晓醒来时听见各个军营接连响起雄壮的号角声。上句是看，此句是听。恍惚觉得天已拂晓，连绵不断的军营里响起了一片嘹亮雄壮的号角声。他把大块的烤牛肉犒劳将士们，让他们分享；军乐队奏着高亢激越的边塞战歌，以助兴壮威。在秋风猎猎的战场上，他检阅着各路兵马，准备出征。“八百里分麾下炙，五十弦翻塞外声。”突出地展现了雄壮的军容，表现了将军及士兵们高昂的战斗情绪。“沙场秋点兵”，正当“秋高马壮”的时候，“点兵”出征，预示着激战即将开始。少年热血，沙场征战，慷慨激昂，尽在于此。

下阕通过想象，表现主人公收复中原、报效国家的宏愿，以及壮志难酬的悲痛之情。“马作的卢飞快，弓如霹雳弦惊”：将军率领铁骑，快马加鞭，神速奔赴前线，弓弦雷鸣，万箭齐发。虽没作更多的描写，但从“的卢马”的飞驰和“霹雳弦”的巨响中，仿佛看到若干连续出现的画面：敌人纷纷落马；残兵败将，狼狈溃退；将军身先士卒，乘胜追杀，一霎时结束了战斗；凯歌交奏，欢天喜地，旌旗招展。

敌人崩溃了，彻底失败了。他率领将士们终于完成了收复中原、统一祖国的伟业，赢得了生前死后不朽的英名。到这里，我们看到了一个意气昂扬、抱负宏大的忠勇将军的形象，他“金戈铁马，气吞万里如虎”！然而，在词的最后，作者却发出一声长叹：“可怜白发生！”瞬息从感情的高峰猛地跌落下来。原来，那壮阔盛大的军容，横戈跃马的战斗，以及辉煌胜利，千秋功名，不过全是梦境。在苟安卖国的统治集团的压制下，作者报国无门，恢复祖国河山的壮志无从实现，岁月虚度。“可怜白发生”，包含着多少难以诉说的郁闷、焦虑、痛苦和愤怒啊！这一转折，使上面所写的愿望全部成为幻想，全部落空。和首句“醉里挑灯看剑”相照应，都是描写现实，又与中间的梦境形成鲜明的对比，揭示了理想与现实的矛盾，令人感慨与寻思。

作者掠影

辛弃疾（1140～1207），南宋词人。原字坦夫，改字幼安，别号稼轩，历城（今山东济南）人。出生时，中原已为金兵所占。21岁参加抗金义军，不久归南宋。历任湖北、江西、湖南、福建、浙东安抚使等职。一生力主抗金。曾上《美芹十论》与《九议》，条陈战守之策。其词抒写力图恢复国家统一的爱国热情，倾诉壮志难酬的悲愤，对当时执政者的屈辱求和颇多谴责；也有不少吟咏祖国河山的作品。题材广阔又善化用前人典故入词，风格沉雄豪迈又不乏细腻柔媚之处。在苏轼的基础上，大大开拓了词的思想意境，提高了词的文学地位，后人遂以“苏辛”并称。有《稼轩长短句》传于后世。由于辛弃疾的抗金主张与当政的主和派政见不合，后被弹劾落职，退隐江西带湖。

延伸阅读

辛弃疾这首以自家姓氏自嘲的诗，历史上找不到第二首

林新杰

宋代是词的巅峰时期，出了那么多的诗词大家，苏轼开豪放之先河，柳永创婉约之巅峰，李清照刷新“女子无才便是德”的传统观……但极少有如辛弃疾这样的。辛弃疾武将出生，却以诗词之名流芳

千古。辛弃疾是词人中极少数真正驰骋战场、快刀利剑杀过人的。最出名的就是因耿京被杀，而千里追凶，并于敌营活捉叛徒的那段过往，其人真乃孤胆英雄，勇武胆魄令后人肃然起敬。

可以说辛弃疾的词不是用笔写成的，而是用刀和剑刻下的。他是一个沙场英雄更是一个爱国将领，其光辉形象和他的诗词一起永载史册。他的诗词，常常让人感受到一股凛然杀气，一种壮志豪情，一身忠肝义胆。“马作的卢飞快，弓如霹雳弦惊……”，至今读来依旧热血澎湃，荡气回肠。

在辛弃疾的诗词中，有一首词，非常另类。那就是辛弃疾的《永遇乐·戏赋辛字送茂嘉十二弟赴调》，以自嘲本家姓氏来表达自己的刚直不阿，一身正气。

烈日秋霜，忠肝义胆，千载家谱。得姓何年，细参辛字，一笑君听取。艰辛做就，悲辛滋味，总是酸辛苦。更十分，向人辛辣，椒桂捣残堪吐。

世间应有，芳甘浓美，不到吾家门户。比著儿曹，累累却有，金印光垂组。付君此事，从今直上，休忆对床风雨。但赢得，靴纹绉面，记余戏语。

词题即以“戏赋”名之，调侃意味浓厚，表面上看是自嘲之语，实则表明辛家门风之纯正。行文幽默，多层面、多角度表现深层含义。送别之词却如叙家常，令人倍感亲切。

上阕开篇以“烈日秋霜”来形容自己性格的刚烈正直。紧接着从姓氏“辛”入手，连用五个“辛”字，为茂嘉十二弟娓娓道来：“辛”字，是“艰辛”做成，含着“悲辛”滋味，提到它，总会感到“辛酸”和“辛苦”。最后更是把“椒桂”之“辛辣”视为做人品格节操的写照。

转入下阕，以“芳甘浓美”喻荣华富贵。“芳甘浓美”为何常入“儿曹”之家呢？是因为他们善于钻营，所以能谋得高官厚禄，挂金佩玉。以反衬手法来表明辛家决不谄媚权贵，决不追求荣华富贵，决不做有辱门楣之事。

诗词素以“同字相犯”为大忌，而这首词却连用了五个“辛”字，就“辛”字内涵和外延巧做文章，既自然贴切扣题，又淋漓尽致渲染词情。下阕同时以别家的“芳甘浓美”“累累”“金印”反衬自家的清白俭朴、仕途坎坷。通篇幽默风趣中不乏语重心长。

正是因为辛弃疾的刚正不阿，辛弃疾始终做不了大官，备受排挤，不是赋闲在家，就是给个文职、闲职。辛弃疾心中的郁闷可想而知，报国无门，岁月蹉跎。多年闲置生活，辛弃疾在词中曾自嘲过：“君恩重，且教种芙蓉！”此程度不亚于宋仁宗说柳永：“且去浅斟低唱，何要浮名？”柳永于是自称“奉旨填词”，成了一个纯粹的词人。但辛弃疾不一样，他是一个大块吃肉、大碗喝酒的武将，只能是“把吴钩看了，拍遍栏杆”。

考试链接

1. 表达作者爱国激情和建功立业的雄心壮志的词句是______________________________。

2. “八百里麾下炙，五十弦翻塞外声”这两句词，营造了一种什么样的氛围？

3. 全词抒发了作者怎样的思想感情？

编注者：师 文

【参考答案】

1. 了却君王天下事，赢得生前身后名

2. 营造了将士们奏乐吃肉、豪迈高昂的军营生活氛围。

3. 抒发了作者抗敌救国、建功立业的爱国情感和报国无门、壮志未酬的悲愤。

【明】周道行《梅花书屋图》

扫一扫，听朗读

虞美人[1]·听雨

[宋] 蒋捷

少年听雨歌楼上，红烛昏罗帐[2]。壮年听雨客舟中，江阔云低、断雁[3]叫西风。

而今听雨僧庐[4]下，鬓已星星[5]也。悲欢离合总无情[6]，一任[7]阶前、点滴到天明。

注释

①虞美人：古词牌，唐代教坊名曲。

②罗帐：古代床上纱幔。

③断雁：失群孤雁。

④僧庐：僧寺，僧舍。

⑤星星：白发如星，比喻白发很多。左思《白发赋》：“星星白发，生于鬓垂。”

⑥无情：无动于衷。

⑦一任：听凭。

古词今读

年少之时，歌楼听雨，烛光明灭，灯影朦胧，红罗帐中，轻软细语，温柔甜乡。人到中年，独在异处，听雨客船，江水苍茫，西风凛冽，失群孤雁，阵阵哀鸣。

而今人已暮年，鬓发星星，寄居僧庐，裘凉体寒，深听夜雨，心如止水。人生一场，悲欢离合，道有情却无情，终落得不惹伤怀，一任阶前冷雨，听到天明。

赏析要点

这首词，蒋捷从“听雨”落笔，穿越时空，卷轴式地展出三幅不同时间、地域、环境的“听雨”画面，极言自我人生历程和生命体验。

第一幅画面：少年听雨歌楼上，红烛昏罗帐。“歌楼”“红烛”“罗帐”等绮艳意象交错出现，着力渲染“不识愁滋味”的青春年华，传达出春风骀荡的浪漫情怀。这短暂而永恒的“歌楼春雨”图，反衬了后半生之处境凄凉。

第二幅画面：壮年听雨客舟中，江阔云低、断雁叫西风。作者以“江阔”“云低”“断雁”“西风”等意象，烘托了风雨飘摇中颠沛流离的“客舟”。人到壮年，客舟听雨，江水辽阔，风急云低，一只失群大雁孤飞秋江之上。萧瑟秋雨伴随着断雁哀鸣，一个“断”字，写尽人生之难，一腔旅恨，万种离愁，尽显“江上秋雨图”。

第三幅画面：而今听雨僧庐下，鬓已星星也。这是老年处境的自我画像。白发老人，独居僧庐，彻听夜雨，处境萧索，心境凄凉。不是歌楼，不是客舟，少年欢乐与壮年愁恨，早已被雨打风吹去，此时雨声，已木然无动了。“悲欢离合总无情”，追抚一生经历，蕴有无限感伤，不尽悲慨。“一任阶前、点滴到天明”，似乎心如止水，波澜不起，但彻夜听雨已是“欲说还休”。

这首词作构思巧妙、手法独特、含蕴深刻，三种场景互相衔接而又彼此映照，艺术地概括了由少到老的人生道路和由春到冬的情感历程，也透视出一个历史时代由兴到衰、由衰到亡的嬗变轨迹。

作者掠影

蒋捷（生卒年不详），南宋词人。字胜欲，号竹山，阳羡（今江苏宜兴）人，生当宋、元易代之际，长于词，与周密、王沂孙、张炎并称“宋末四大家”。南宋咸淳十年（1274年）进士，可叹尚未一展鸿图，岌岌可危的南宋王朝便告覆亡。蒋捷年轻时贵为公子，宋亡后深怀亡国之痛，退隐江湖之间，隐居太湖竹山岛，保持气节，终生不仕，过着飘零凄苦的生活。其一生饱经战乱流离之苦，颇富忧患意识。现存九十余首词，多抒发故国之思、山河之恸，风格多样，以悲凉清俊、萧寥疏爽为主。尤以造语奇巧，在宋季词坛上独树一格，留有《竹山词》一卷，《虞美人·听雨》即为词人深谙人生况味的艺术杰作。

延伸阅读

红了樱桃，绿了芭蕉

曹洁

大片大片的芭蕉叶，依窗而绿，一盘儿樱桃正红；一只蜻蜓，自在来去；摊开的书页上，闲放一支燃着的香烟，青烟袅袅。或许，主人读书倦了，起身走走，或在床榻上躺躺，一回头，看着如此闲境，兴笔所至，成就了这幅生活情景的特写。

这是丰子恺的漫画《红了樱桃，绿了芭蕉》。这份清雅诗意，来自宋·蒋捷的词《一剪梅·舟过吴江》：

一片春愁带酒浇。江上舟摇，楼上帘招。秋娘渡与泰娘桥，风又飘飘，雨又潇潇。

何日归家洗客袍？银字笙调，心字香烧。流光容易把人抛，红了樱桃，绿了芭蕉。

很久很久以前，某年某月某日，蒋捷乘船，水过吴江，一舟飘摇，岸上酒旗，迎风招摇，诱惑着，他却无法止步。那是故乡的味道，却不是故乡。恍惚间，舟子已过秋娘渡，再过泰娘桥，风也潇潇，雨也潇潇。樱桃红了，芭蕉绿了，不知归去何时，一洗羁旅之风尘？古人蒋捷,却以现代蒙太奇手法，巧妙地剪辑了一组意象，点细节，染背景，点染结合，写尽伤春的惆怅以及久别思归的怅惘情愫。他感慨岁月无情，年华易逝，眼见时光的妙手催红了樱桃，染绿了芭蕉，把韶华人生远远抛后，自己却长年客居异乡，不得归去。

抛却意境的凄清，这阕词给我们这样的惊醒："流光容易把人抛"。"红了樱桃，绿了芭蕉"，以实落笔，不仅写眼前之景，更沉淀着作者对故园的美好回忆。日复一日，年复一年，樱桃红，芭蕉绿，客袍湿，游子客居，家园难归，既有对故土风物的怀念，也有对孤旅生涯的怅惘，更有对时光易逝的感叹，一切意味，尽在一红一绿。"流光容易把人抛"，以虚言实，直抒人生不过是一个简单的旅程，出歌楼、下江岸、上渡船、宿僧庐，风雨兼程，那一场生命之雨从未停息,自我年华却已走过最要紧、最美好的一段。

丰子恺先生的画意，走出凄冷词境，只取"红了樱桃，绿了芭蕉"，其用意也在此。即便时光如流水，人在水上漂，瞬间无影无踪，我们也要尽享水中的温柔，倾心守护真善的温度。任它芭蕉绿、樱桃红，只要每一个日子都柔软着韶光的味道，有如水仙的花瓣，温柔而伸展。人生美意，何处更寻？

一个人活着，总会在某些时刻遇见美好，好人、好事、好书、好风景。那些时代、那些人，已然远去，但樱桃在红、芭蕉也绿，生命何其美丽？如此，蒋捷和丰子恺给我们的丰富体验，远在“红了樱桃，绿了芭蕉”之外。

考试链接

1.请用现代汉语表达作者在三个不同人生阶段的处境，并简要分析“听雨”这一意象在词中的作用。

2. 描绘“江阔云低，断雁叫西风”之境，它在结构上有什么作用？表达了作者怎样的思想感情？

3. “一任阶前、点滴到天明”一句包含了作者怎样的情感？

编注者：曹　洁

【参考答案】

1. 歌楼听雨、客舟听雨、僧庐听雨。“听雨”是全词线索，将三幅不同画面衔接为一个有机整体。三次听雨喻示了三种人生处境，表达了词人丰富复杂的思想感情：少年时欢乐甜蜜，无忧无虑；壮年时飘零异乡，情绪悲凉；而今鬓发斑白，愁苦满怀，心如止水。
2. 水天辽阔，乌云低垂，西风凛冽，几声断雁，孤苦哀鸣。它既与前面少年生活作比较，呈现出青春好梦的破碎，也为下文老年凄苦境遇作铺垫，表达了作者远离家乡、孤独凄凉的愁苦之情。
3. 心如止水，波澜不起，但彻夜听雨又表明他并没有真正进入超脱沉静的大彻大悟之境，只不过饱经忧患，欲说还休罢了。

[明] 沈周 《东庄图·北港》

行　香　子

［宋］秦观

扫一扫，听朗读

树绕村庄，水满陂①塘。倚东风、豪兴徜徉②。小园几许，收尽春光。有桃花红，李花白，菜花黄。

远远围墙，隐隐茅堂。飏③青旗④、流水桥旁。偶然乘兴、步过东冈。正莺儿啼，燕儿舞，蝶儿忙。

注释

①陂（bēi）塘：池塘。

②徜徉（cháng yáng）：自由自在来回地走动。

③飏（yáng）：飞扬，飘扬。

④青旗：青色的酒幌子。

古词今读

绿树绕着村庄，春水溢满池塘，沐浴着东风，带着豪兴我信步而行。小园很小，却收尽春光。桃花正红，李花雪白，菜花金黄。

远远一带围墙，隐约有几间茅草屋。青色的旗帜在风中飞扬，小桥矗立在溪水旁。偶然乘着游兴，走过东面的山冈。莺儿鸣啼，燕儿飞舞，蝶儿匆忙，一派大好春光。

赏析要点

这首词描绘春天的田园风光，写景抒情朴质自然，语言生动清新。

“树绕村庄，水满陂塘。”词一开始“绕树”两句，写所见烂漫春光。词人先从整个村庄写起。村庄的周遭，层层绿树环绕；村子里的池塘，水已涨得满满的与池岸齐平了，显然这是春到农村的标志。

“倚东风、豪兴徜徉。”这两句是描写词人乘着温和的春风，兴趣正浓地信步漫游村庄，欣赏着春天的风光，表现了词人喜爱农村景色的神态。

“小园几许，收尽春光。”词人在漫游中为一座春意盎然的小园所吸引。看上去园子才那么一点点大，但却像收入了全部春光。那么，有哪些春色呢？

“有桃花红，李花白，菜花黄。”三句，写红色的桃花、白色的李花和黄色的菜花，正是这些绚丽的色彩，浓郁的香味，才构成了春满小园的诱人图画。

“远远围墙，隐隐茅堂，飏青旗、流水桥旁。”词人移步小园转向远处一带的围墙，在墙内隐现出茅草小堂。在墙外小桥流水不远，飘扬着一面青色酒旗，显然有一家小酒店就在近旁。这几句颇似辛弃疾《鹧鸪天》词中：“山远近，路横斜，青旗沽酒有人家”的意境。

“偶然乘兴、步过东冈。”词人突然萌发了酒意，赏春也须酒佐兴，然后乘着一时的兴致，再步行着翻过东边的小山岗。

“正莺儿啼，燕儿舞，蝶儿忙。”承上两句意脉，即翻过小山岗，“柳暗花明又一村”，另有一番景象：莺啼燕舞、蝴蝶采蜜忙。它们最能代表春天，比起小园来，是别样一种春光。

全词写景状物，围绕词人游春足迹这个线索次第展开，不慌不忙而意趣自出；结构对称，组成两副相对独立的活动图画，相互辉映而又和谐统一。在艺术创新上，是自有其特色的。

词人运用通俗、生动、朴素、清新的语言写景状物，使朴质自然的村野春光随词人轻松的脚步得到展现。在唐、五代和北宋的词苑中，描绘农村田园风物的词并不多见。从这一意义上说，秦观的这首《行香子》，在词境的开拓方面，起了比较大的作用，堪与苏轼的五首《浣溪沙》相提并论。在秦观的作品中，格调如此轻松、欢快的作品也是不多见的。

作者掠影

秦观（1049～1100），北宋词人。字太虚，又字少游，别号邗沟居士，世称淮海先生。北宋高邮（今江苏）人，官至太学博士，国史馆编修。秦观一生坎坷，所写诗词，高古沉重，寄托身世，感人至深。秦观被尊为婉约派一代词宗，苏轼曾戏呼其为“山抹微云君”。秦观是北宋文学史上的一位重要作家，但在秦观现存的所有作品中，词只有三卷100多首，而诗有十四卷430多首，文则达三十卷共250多篇，诗文相加，其篇幅远远超过词若干倍。

秦观生前行踪所至之处，多有遗迹。如浙江杭州的秦少游祠、丽水的秦少游塑像、淮海先生祠、莺花亭、青田的秦学士祠、湖南郴州三绝碑、广西横县的海棠亭、醉乡亭、淮海堂、淮海书院等。秦观墓在无锡惠山之北粲山上，墓碑上书“秦龙图墓”几个大字。有秦家村、秦家大院以及省级文物保护单位古文游台。

延伸阅读

秦观，人生比诗词忧郁

他的每一首词，都弥漫着浓雾一样的忧愁。“自在飞花轻似梦，无边丝雨细如愁”“春去也，飞红万点愁如海”“便做春江都是泪，流不尽，许多愁”。仿佛这个世界上，没有谁比他更忧伤，难怪宋代词人叶梦得叹他是“古之伤心人”。他就是“苏门四学士”之一，一个忧郁的婉约派词人——秦观。

秦观没有显赫的出身，父亲只做过小官，但曾在太学学习过，学历不低。优秀的基因使秦观自幼聪颖过人，过目不忘。不幸的是，在他 15 岁那年父亲去世了，家里的经济支柱一倒，生活也陷入了贫困。为了改变自己的命运，30 岁的秦观第一次入京参加科举考试。这时的他意气风发，可惜开榜之时，从头看到了尾，也没在榜上找到自己的名字。他大受打击，回到家独自一个人看书疗伤。

元丰四年（1081 年），秦观第二次参加考试，依旧名落孙山。冰冷的现实让他的头脑开始冷静下来，后来他在《精骑集》序中反思说自己年少时读书，能一目十行，偷点懒也比别人学得快，学得好，常以此自负，沉不下心读书，整天跟着喜欢热闹的人喝酒游玩。痛定思痛，秦观终于放下了小聪明，认真读起书来。

除了刻苦，秦观也认识到一个人光低头读书远远不够，还必须有人赏识和推荐，才能入仕。他萌生了拜苏东坡为师的想法，此时这位文坛领袖正在离他家乡不远的徐州任知州。

苏东坡已然名满天下，堪称文坛泰斗。而秦观虽有些诗名，不过是一个落第的秀才而已，想见一见苏东坡都难，何况要拜师。好在秦家有两个老相识，分别是孙觉和李常。孙觉是黄庭坚的丈人，曾任湖州知州，李常是黄庭坚的舅父，正在齐州任知州，他们都是苏东坡的至交。于是，他一方面请李常写了一封引荐信，另一方面请孙觉将自己的诗文推荐给苏东坡。恰好，苏东坡和孙觉要到扬州游玩，秦观闻讯灵机一动，自己先跑到扬州一座著名的寺庙中，模仿苏东坡豪放的笔意，在寺庙墙壁上挥毫题词，然后静候他们的到来。

果然，就像秦观所预想的那样，苏东坡猛然看到寺壁上的题字吓了一大跳，绞尽脑汁想了半天，也不记得自己曾经来过这儿，还在墙上题过诗。后来，他看了孙觉送上的秦观的作品，忽然醒悟道："向书壁者，岂此郎也"——在寺壁上写诗的人，肯定是这小子！

这招儿玩得相当漂亮，秦观于是怀揣着李常的引荐信，拿上自己的得意之作《黄楼赋》，前去拜见仰慕已久的偶像。苏东坡读罢，惊呼说："此屈宋才也！"欣然接纳他为弟子。

在苏东坡的鼓励下，元丰八年（1085年），秦观再次参加科举考试。这次有了他自己的刻苦攻读，特别是有了苏东坡、王安石等人的大力举荐，秦观顺利地高中进士。

后来，秦观成为苏东坡最得意的弟子之一，和黄庭坚、晁补之、张耒并称为"苏门四学士"。苏门弟子不下四五十人，能获得如此桂冠的只有四人，秦观的地位可见一斑。

秦观，一个身材伟岸、天性豪爽的男子，被愁苦和眼泪融铸了一生，他的忧郁和憔悴让人为之心痛。他那用心书写的篇篇词章，至今还让我们泪水沾衣。无怪清人王士祯说："风流不见秦淮海，寂寞人间五百年。"

考试链接

1. 请简要概括这首词的主要内容和作者的思想感情。

2. 请对这首词的主要表现手法作简要赏析。

编注者：刘　娇

【参考答案】

1. 《行乡子》一词，通过记述自己的一次兴致勃勃的春游，展示了一种大自然的优美境界，体现了词人对自然风光的热爱之情。
2. ①动静结合。通篇全是写景，但上下片的安排与采取的视角各不相同。上片侧重描述静态景物，时有化静为动，如"绕""收"等字，游人缓步其中；下片侧重描绘动态景象，其中静景动景又互相映衬。这样，就写出了春天的盎然生机。②白描手法。例如"有桃花红"三句，写红色的桃花，白色的李花和黄色的菜花，据实写来，不事雕琢，却突出了绚丽的色彩，浓郁的香味，构成了春满小园的诱人图画；再如"正莺儿啼"三句，在客观的再观中，营造一幅莺啼燕舞、蝴蝶采蜜的画图。③寓情于景。整首词通篇写景，描绘了"小园"一带和"东冈"附近明媚的春光，明快的节奏中，自然流露出词人愉快的心境，字里行间贮满盎然的意兴。

[明] 陈洪绶《春秋图》

扫一扫，听朗读

太常引[1]·建康[2]中秋夜为吕叔潜[3]赋

［宋］辛弃疾

一轮秋影转金波[4]，飞镜[5]又重磨。把酒问姮娥[6]：被[7]白发、欺人奈何[8]？

乘风好去，长空万里，直下看山河。斫[9]去桂[10]婆娑[11]，人道是、清光更多[12]。

注释

①太常引：词牌名，又名《太清引》《腊前梅》。

②建康：今江苏省南京市。

③吕叔潜：名大虬，生平事迹不详，辛弃疾志同道合的朋友。

④金波：形容月光浮动，这里指月光。

⑤飞镜：飞天之明镜，这里指月亮。

⑥姮（héng）娥：即嫦娥，传说中的月中仙女。

⑦被（pī）：同“披”，这里指满头白发。

⑧被白发、欺人奈何：化用薛能《春日使府寓怀》“青春背我堂堂去，白发欺人故故生”诗意。

⑨斫（zhuó）：砍。

⑩桂：桂树。

⑪婆娑：树影摇曳的样子。

⑫“斫去”三句：化用杜甫《一百五十日夜对月》诗中“斫却月中桂，清光应更多”句意。

古词今读

一轮缓缓移动的秋月洒下万里金波，就像铜镜又被重磨。（我）举起酒杯问那月中的嫦娥：怎么办呢？青春已背我而去，如今已是满头白发，仍壮志难酬。

（我）要乘风飞上万里长空，俯视祖国的大好山河。还要砍去月中摇曳的桂树枝柯，人们说，这会使月亮向人间洒下更多的光辉。

赏析要点

词的上片，巧妙地运用神话传说构成一种超现实的艺术境界,以抒发自己壮志未酬已白发的感慨。词的下片，作者又运用想象的翅膀，直入月宫，并幻想砍去遮住月光的桂树，表现了词人为实现理想的坚定意志，更鲜明地揭示了词的主旨。

“一轮秋影转金波，飞镜又重磨。”呈现在读者面前的是一幅月明万里的画面。中秋的夜空，明月如重新磨过的铜镜那样明亮。

“把酒问姮娥：被白发、欺人奈何？”作者在中秋之夜，对月抒怀，很自然地想到与月有关的神话传说：吃了不死之药飞入月宫的嫦娥，以及月中高五百丈的桂树。词人运用这两则有关月亮的神话传说，借以表达自己的政治理想和阴暗的政治现实的矛盾。辛弃疾一生以恢复中原为己任，但残酷的现实使他的理想不能实现。想到功业无成、白发已多，作者怎能不对着皎洁的月光，悲愤而痛苦地发问：“被白发、欺人奈何？”这一句有力地展示了英雄怀才不遇的内心矛盾。

“乘风好去，长空万里，直下看山河。”词人要趁着美好的月夜，乘风直上万里长空，俯瞰祖国的山河。毫无疑义，这是他爱国思想的写照。“直下”，这里指目光一直地往下，从天上写到人间。

“斫去桂婆娑，人道是、清光更多。”最后又从人间写到天上，传说中月亮里那棵高大的桂树挡住了许多月光。为了使月光更清楚地照亮祖国大地，词人要砍去那些婆娑的桂树枝叶,让人间更加光明。就这样，作者利用神话材料把铲除投降派的思想巧妙而含蓄地寓于形象之中，使这首小词具有较强的艺术感染力。

总之，辛弃疾的这首词，无论是从它的内容，还是从它的风格看，他都与运用神话传说的浪漫主义手法有着密切的联系。作者通过超现实的艺术境界，来解决现实与理想的矛盾，不愧为一首富于浓厚浪漫主义色彩的优秀词作。

作者掠影

辛弃疾（1140～1207），南宋著名爱国词人。字幼安，号稼轩，历城（今中国山东济南）人。他出生时北方久已沦陷于金人之手，不断亲眼目睹汉人在金人统治下所受的屈辱与痛苦，这一切使他在青少年时代就立下了恢复中原、报国雪耻的志向。成年后曾参加了抗金的起义，他的勇敢善战曾经名震一时。他在词中表现了积极主张抗金和由南宋统一国家的爱国热忱。其词题材广阔，风格多样，以豪放为主，善于用典、白描，开拓了词的疆域，提高了词的表现力，成为南宋词坛最杰出的代表作家之一。主要著作有《青玉案·元夕》《清平乐·村居》《西江月·夜行黄沙道中》《念奴娇·赋雨岩》《一剪梅·中秋元月》《稼轩词》等。辛弃疾与苏轼有“苏辛”之称，被认为是豪放词派的代表人物。

延伸阅读

苏辛由来

苏轼与辛弃疾是宋代著名词人，是豪放派的代表人物，在宋词成就与影响上都有着重要贡献。

苏轼和辛弃疾并称为“苏辛”，那么这个称号是怎么来的呢？原来是出自一本名为《陈其年湖海楼词序》的书，书中引用了顾咸三的一句话：“宋各家词最盛，体非一格，苏、辛之雄放豪宕，秦、柳之妩媚风流，判然分途，各极其妙。”这就使“苏辛”的称号叫开了。

苏辛词的豪放旷达的艺术风格，有其相同的一面，那就是他们的词中，都饱含着浓烈的奔放的豪情，表达了词人对生活无比热爱和豁达的乐观态度，以及要为国家建功立业的理想。例如苏词《念奴娇·赤壁怀古》中，奇伟壮丽的江山景物，历史上杰出人物的英雄气概和丰功伟绩所构成的宏伟壮观的艺术形象，正是苏轼积极有为的抱负，开阔爽朗的性格，以及他那种不因政治上受挫折而丧失生活兴趣的人生态度的充分反映，是他豪放旷迈的艺术风格的集中表现。又如辛词《永遇乐·京口北固亭怀古》中，面对滚滚不尽的长江，追缅往事，遥想将来，心潮澎湃。赞扬杰出的历史人物，讽刺苟安求和者，表示了坚决抗金，收复中原的坚定信念，传达出老当益壮的豪情壮志。词中豪迈激越的艺术风格，与苏词“大江东去”有着异曲同工之妙。

苏轼在语言上一改花间词人文采繁华、轻柔艳丽的作风，多有陶渊明、李白、杜甫、韩愈的诗句的吸收，偶然也运用当时口语，给人以一种清新朴素的感觉。辛弃疾比之苏轼，他不仅运用古体诗的句法，还吸收了散文、骈文和大量的民间口语入词，不论经史，诸子、楚辞，以及杜甫、李白的诗，韩愈、柳宗元的文，往往信手拈来，糅入词中，形成了新鲜活泼的气息。

同样的运用口语，同样的新鲜活泼气息，同样的豪放主调，同样的多样化的艺术风格，后人用“苏辛”把两位豪放词派的代表人物紧密联系在一起。

编注者：赵　明

考试链接

1. 对这首词赏析有误的一项是（　　）

A. 起句“一轮秋影转金波，飞镜又重磨”，写出了中秋月明的景象。

B. “把酒问姮娥：被白发、欺人奈何”，写出了词人因岁月流逝、功业无成而生的愁思与抑郁。

C. “斫去桂婆娑，人道是、清光更多”表达了作者怀才不遇、壮志难酬的悲愤与痛苦。

2. 作者在这首词中运用了比喻的修辞手法，展开了奇妙的想象。请作简要分析。

3. 作者是如何通过浪漫主义手法抒写自己的情感的？请结合全词简要赏析。

【参考答案】

1. C　C 项所言，显然拘泥于上句的思想感情。这句词已由上句的怀才不遇、壮志难酬的悲愤与痛苦转换为把光明带给人民的报国理想和坚定信念。
2. 作者运用浪漫主义的创作手法，在诗中展开了奇妙的想象：以金波四射的转轮比月之圆，以重新磨光的飞镜喻月之新，更想到了举杯邀嫦娥，还想到了乘风直上万里长空，俯看大好河山，再飞奔月宫，砍去婆娑的桂树，让清光洒满人间。
3. 上片中作者在中秋之夜对月抒怀，自然地想到与月有关的神话传说中的嫦娥，并大胆地对月发问，表达了内心的愤懑愁思，展示了一个有抱负、有才干而不被重用的英雄的内心矛盾；下片作者大胆想象，利用一个神话传说，更直接、强烈地表现了词人的理想和为实现理想的坚强意志。

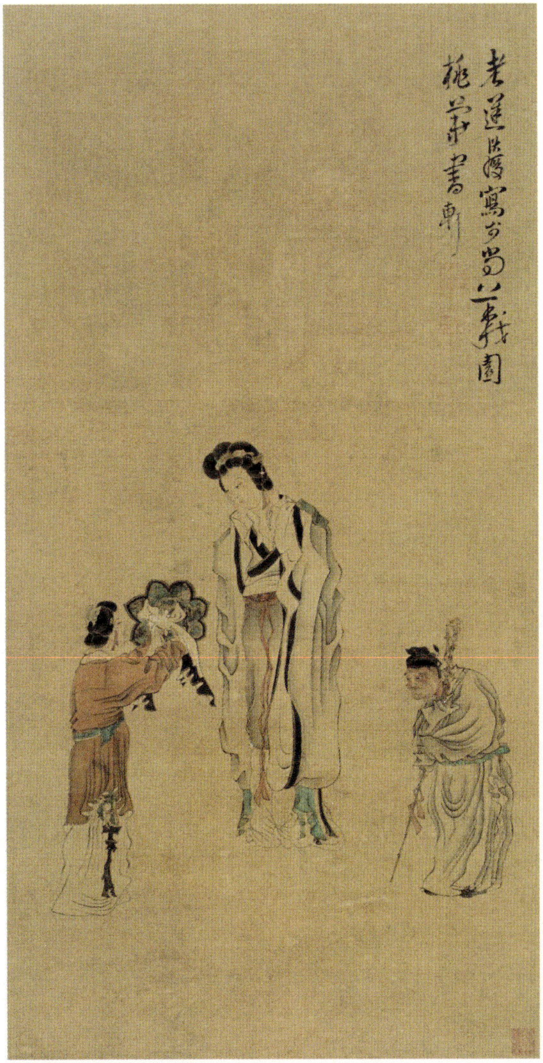

【明】陈洪绶《晓妆图》

鹧 鸪 天

［宋］晏几道

扫一扫，听朗读

彩袖①殷勤捧玉钟②，当年拚却③醉颜红。舞低杨柳楼心月，歌尽桃花扇④底风。

从别后，忆相逢，几回魂梦与君同⑤。今宵剩⑥把⑦银釭⑧照，犹恐相逢是梦中。

注释

①彩袖：代指穿彩衣的歌女。

②玉钟：古时指珍贵的酒杯，是对酒杯的美称。

③拚（pàn）却：甘愿，不顾惜。却：语气助词。

④桃花扇：歌舞时用作道具的扇子，绘有桃花。

⑤同：聚在一起。

⑥剩：通“尽（jǐn）”，只管。

⑦把：持，握。

⑧银釭（gāng）：银质的灯台，代指灯。

古词今读

忆当年，你手捧玉盅把酒敬，衣着华丽人多情；我举杯痛饮拼一醉，醉意醺醺脸通红。纵情跳舞，直到楼顶月、挨着树梢向下行；尽兴唱歌，使得桃花扇疲倦无力不扇风。

自从离别后，总想重相逢，多少次，你我重逢在梦中。今夜果真喜相逢，挑灯久坐叙别情，还恐怕又是虚幻的梦中境。

赏析要点

晏几道以其“淡语皆有味，浅语皆有致”的典雅风格和“秀气胜韵，得之天然”的清丽词风冠盖一时。

上片：一个是殷勤地劝酒，一个是拼命地喝，为伊消得人憔悴。当年一夕初逢的倾心难忘，别后梦中的飘忽难寻，今宵突然重逢的恍惚难信，景境几转，人事剧变，一切都“如幻如电，如昨梦前尘”。而重逢时的惊疑和惊喜之状也就自然而然，毫无忸怩作态。

多情似小晏，天下能有几何？小晏词工于言情而能真。小晏善写风流之情，欢娱之境，尽极沉郁之致，荡气回肠之胜，又能表现出纯真无邪的品性，使人不觉其卑俗，不感其淫亵，虽百读之而不厌。这一点，小晏受五代词尤其是后主词的相当影响。冯煦《宋六十家词选例言》曰：“淮海、小山、古之伤心人也”。把小晏、李后主、秦少游并称“词中三位美少年”，可见其三人风格的确比较接近。王国维先生也说：“大家之作，其言情也，必沁人心脾……”小晏之作，已然近之。

下片：回忆相会时的欢乐肆意，酣畅淋漓，正是为了反衬钟情至深，相思至极，魂牵梦萦，不免寤寐求之。而梦中的相会终归是空，清醒后的相思却越更深邃，越彻骨。以至于当真正相会之时，分不清眼前是梦是真，害怕再次醒来更加痛彻心扉的相思。

晏几道出身书香门第，不少婉雅佳言也化用了前人诗句。虽然前人言在，但是为己所用，和谐融贯，读来仍是自然生辉，更自有别一番情趣含蕴其中。梦的意境在词人笔下，采用递进的方式，前一句的相思之情已是极限，后一句则递进一步，产生了循环往复的艺术效果，意象更为丰满。可谓青出于蓝而胜于蓝。

作者掠影

晏几道（1030～1106），北宋著名词人，字叔原，号小山，抚州临川文港沙河（今属江西省南昌市进贤县）人。晏殊第七子。历任颍昌府许田镇监、乾宁军通判、开封府判官等。性孤傲，晚年家境中落。词风哀感缠绵、清壮顿挫。一般讲到北宋词人时，称晏殊为大晏，称晏几道为小晏。《雪浪斋日记》云：“晏叔原工小词，不愧六朝宫掖体。”如《鹧鸪天》中的“舞低杨柳楼心月，歌尽桃花扇底风”等等词句，备受人们的赞赏。

延伸阅读

"他当他的大官，我填我的小词"

熙宁年间，王安石进行变法之际，晏几道早过"而立"之年，还在京城当一个卑微的小官，实际上是充当宫廷词臣。

当时，有个叫郑侠的外官，本是王安石的朋友，因受人煽动和私心作怪，向神宗皇帝献"流民图"，污蔑新法，攻击王安石。晏几道毅然上书驳斥郑侠，力辩"流民图"之伪，为新法说话。事后，王安石、吕惠卿等要升他高官，晏几道坚辞不受。

谁知王安石罢相，变法失败，晏几道被追究驳郑侠事，投入监狱，关了几年才放出来。此时晏几道已是四十多岁了。哲宗皇帝赵煦为了表示自己的仁义，给了晏几道一个"监颖昌许田镇"（即许田镇长）的小官，晏几道受诏以后，有人劝他说："你父亲的门生故吏，遍布天下，个个高官显爵，为什么不去找他们疏通疏通，换个像点样子的官职呢？"晏几道冷冷地回答："他当他的大官，我填我的小词！"

考试链接

1. 本词按照什么顺序来写的？感情的变化有何特点？

2. 分析《鹧鸪天·彩袖殷勤捧玉钟》的艺术特点。

编注者：师　文

【参考答案】

1. 依时间顺序写了情事的发展过程：初见——久别——重逢；从感情的变化看则是：欢乐——愁苦——欢乐。结构严谨，层次分明，虚实照应，内容丰富。笔端又富于变化，语言自然工丽，形象鲜明生动，具有较强的艺术魅力，
2. 这首词的艺术手法：上片描摹当年欢聚情况，似实而却虚；下片抒写久别相思不期而遇的惊喜之情，似梦却真，利用声韵的配合，宛如一首乐曲，使听者也仿佛进入梦境。全词不过五十几个字，而能造成两种境界，互相补充配合，或实或虚，既有彩色的绚烂，又有声音的谐美，足见晏几道词艺之高妙。

[清]　禹之鼎　《放鹇图》

卖花声[1]·怀古

[元] 张可久

扫一扫，听朗读

阿房[2]舞殿翻罗袖，金谷名园[3]起玉楼，隋堤古柳[4]缆龙舟[5]。不堪回首，东风还又[6]，野花开暮春时候。

美人自刎乌江岸[7]，战火曾烧赤壁山[8]，将军空老玉门关[9]。伤心秦汉[10]，生民涂炭[11]，读书人一声长叹。

注释

①卖花声：词牌名，即“浪淘沙”。调出于乐府（《乐府诗集》收入近代曲中），原为二十八字，即七言绝句一首。怀古：曲题。

②阿房（ē páng）：公元前 212 年，秦始皇征发刑徒七十余万修阿房宫及骊山陵。阿房宫仅前殿即“东西五百步，南北五十丈；上可以坐万人，下可以建五丈旗；周驰为阁道，自殿下直抵南山。”（《史记·秦始皇本纪》）但实际上没有全部完工。

③金谷名园：在河南省洛阳市西面，是晋代大官僚大富豪石崇的别墅，其中的建筑和陈设异常奢侈豪华。

④隋堤古柳：隋炀帝开通济渠，沿河筑堤种柳，称为“隋堤”，即今江苏北部的运河堤。

⑤缆龙舟：指隋炀帝沿运河南巡江都（今扬州市）事。

⑥东风还又：现在又吹起了东风。这里的副词“又”起动词的作用，是由于押韵的需要。

⑦美人自刎乌江岸：言楚汉相争时项羽战败自刎乌江。公元前 202 年，项羽在垓下（今安徽省灵璧县东南）被汉军围困。夜里，他在帐中悲歌痛饮，与美人虞姬诀别，然后乘夜突出重围。在乌江（今安徽和县东）边自刎而死。这里说美人自刎乌江，是这个典故的活用。

⑧战火曾烧赤壁山：言三国时曹操惨败于赤壁。208年，周瑜指挥吴蜀联军在赤壁之战中击败曹操大军。

⑨将军空老玉门关：言东汉班超垂老思归。班超因久在边塞镇守，年老思归，给皇帝写了一封奏章，上面有两句是："臣不敢望到酒泉郡（在今甘肃），但愿生入玉门关。"见《后汉书·班超传》。

⑩秦汉：泛指历朝历代。

⑪涂炭：比喻受灾受难。涂，泥涂；炭，炭火。

古词今读

阿房宫内罗袖翻飞，歌舞升平；金谷园里玉楼拔地，再添新景；隋堤上古柳葱郁，江中龙舟显威名。往事难回首，东风又起，暮春时候一片凄清。

美人虞姬自尽在乌江岸边，战火也曾焚烧赤壁万条战船，将军班超徒然老死在玉门关。伤心秦汉的烽火，让百万生民涂炭，读书人只能一声长叹。

赏析要点

这首曲慨叹秦汉时统治者之间的战争和各民族间的战争，给老百姓造成了深重的灾难，表现了作者同情人民的思想感情，故用"怀古伤今，慨叹民苦"来概括该曲的中心思想是最恰当不过的。

文章怎样"怀古伤今，慨叹民苦"的？先用三个典故。一是霸王别姬，即楚汉相争时，项羽被困垓下，突围前与爱妾虞姬悲歌诀别，虞姬自刎而死，项羽突围至乌江岸也自刎而死。二是曹操被蜀吴联军大败于赤壁。三是班超空老玉门关外，引出英雄美人的故事，寄寓了作者对时世的看法，项羽、曹操、班超这三个秦汉时期的英雄人物，他们的功业英名虽然万古不会磨灭，但他们的功业英名是以"生民涂炭"为代价的，这是一；二是作者没有褒扬三位英雄的业绩，只交待他们的失败与不得志，便说明历史上像这些英雄人物不过是过眼云烟而已。作者为何对英雄人物的成败得失而无所感慨呢？这和他悯民生，体民苦的思想有关，

当时的封建王朝内部，君昏臣庸，统治者之间你争我夺，为了争夺到权位及天下的目的，他们总是打着"吊民伐罪""以有道伐无道"等为民的旗号，以取得老百姓的支持，并借助老百姓的力量去实现他们的欲望，到头来遭受伤害的仍是老百姓，所以作者伤心地发出"伤心秦汉，生民涂炭"的感叹。此句也意在表达英雄、美人虽有壮烈哀艳的故

事，但在历史的画卷中最值得同情的是苦难的百姓，最痛心的是天下的百姓，反映了作者最本质的情感。这首怀古元曲，无论是抨击社会现实，还是审视历史，都称得上一篇佳作。

作者掠影

张可久（约1270～1348），元代散曲作家。字小山（一作名伯远，字可久，号小山）。庆元路（路治今浙江宁波）人。以路吏转首领官，又为桐庐典史，仕途上不得志。曾漫游江南，晚年居杭州。专力写散曲，现存作品有小令855首，套数九套，为元人中最多者。作品或咏自然风光，或写颓放生活，亦有闺情及应酬之作。风格典雅清丽。与乔吉并称为元散曲两大家。有《小山乐府》。

延伸阅读

张可久的文学成就

张可久存世作品现存小令855首，套曲9首，数量为有元之冠，为元代传世散曲最多的作家，占现存全元散曲的五分之一，其个人作品占朝代作品总量的比例之高，在中国文学史上是绝无仅有的。明朝朱权在其《太和正音谱》中称张可久为“词林之宗匠”，称“其词清而且丽，华而不艳”；明李开先则称“乐府之有乔、张，犹诗家之有李、杜”。张可久早年与马致远、卢挚、贯云石有交往，曾互相作曲唱和。而他的散曲里涉及的是隐居和游荡的江湖生活，正如他自己所形象概括的“半纸虚名，万里修程”（《上小楼·春思》）。

长期为吏的身世，对他的创作很有影响。生活的坎坷使他抑郁悲伤，向往归隐。因此，描写归隐生活的景和情在作品中就显得多一些。“归隐”虽然是一个传统题材，而对张可久来说，有其特殊的、深切的思想内涵：他一生奔波于宦海，到70岁尚任小吏“昆山县幕僚”；80岁还任“监税松源”，有不得已的苦衷……他结交的多为官员和文人，因此生活面比较狭窄，作品内容不够广阔。他有不少唱和之作，这些作品不论在思想上或艺术上都显得平庸；同时他的社会地位和经历，又决定了他的生活态度比较顺从，虽有愤懑和不平，都表现一种“怨而不怒”的色彩。

张可久在散曲史上具有重要地位。元代前期，散曲家时尚自然真率，后期追求清丽雅正。张可久在这划时代转变中起了重要作用。他力求脱离散曲原有的白描特色而入于雅正，以丰富多彩而又清丽的风格，自成元代散曲鲜花中的奇葩。《录鬼簿》把张可久列入“方今才人相知者”一类。他专攻散曲，特别致力于小令，能得乐府遗妙。

张可久的散曲作品，当时即已集成。据隋树森《全元散曲》所辑，其所存小令、套数，占元散曲的五分之一。著有《吴盐》《苏堤渔唱》《小山北曲乐府》等散曲集，又有天一阁本《小山乐府》共六卷。

考试链接

1. 解释加粗的词语。

（1）战火曾烧赤壁山　　曾：________。

（2）将军空老玉门关　　空：________。

（3）伤心秦汉　　伤心：________。

（4）生民涂炭　　生民：________。

2. 根据小令中所引用的典故，请写出典故中所涉及的历史人物，不能少于3个。

3.《卖花声·怀古》的最后一句“读书人一声长叹”的深刻含义是什么？

编注者：庄　岩

【参考答案】

1.（1）曾经　（2）白白地　（3）感伤　（4）指百姓

2. 虞姬　曹操　班超

3. 既叹息战争给人民带来的灾难，表现了作者对人民的同情，又叹出了自己对社会现实无可奈何的感慨。

[清] 袁耀 《九成宫图轴》

扫一扫，听朗读

水调歌头

[宋] 苏轼

丙辰[1]中秋，欢饮达旦[2]，大醉，作此篇，兼怀子由[3]。

明月几时有？把酒[4]问青天。不知天上宫阙[5]，今夕是何年。我欲乘风归去，又恐琼楼玉宇[6]，高处不胜[7]寒。起舞弄清影[8]，何似[9]在人间。

转朱阁，低绮户，照无眠。不应有恨，何事[10]长向别时圆？人有悲欢离合，月有阴晴圆缺，此事[11]古难全。但[12]愿人长久，千里共婵娟[13]。

注释

①丙辰：指 1076 年（宋神宗熙宁九年）。这一年苏轼在密州（今山东省诸城市）任太守。

②达旦：至早晨，到清晨。

③子由：苏轼的弟弟苏辙的字。

④把酒：端起酒杯。把，执、持。

⑤宫阙（què）：指宫殿。

⑥琼（qióng）楼玉宇：美玉砌成的楼宇。

⑦不胜（shèng）：经受不住。

⑧弄清影：意思是月光下的身影也跟着做出各种舞姿。

⑨何似：何如，哪里比得上。

⑩何事：为什么。

⑪此事：指人的“欢”“合”和月的“晴”“圆”。

⑫但：只。

⑬婵娟：指月亮。虽然相隔千里，也能共享这美好的月光。

古词今读

丙辰年中秋，我高兴地饮酒直到天亮，大醉，写了这首词作，同时表达对弟弟子由的怀念。

皎洁的明月何时出现？我端起酒杯询问青天。不知道月中宫殿，今晚该是哪一年。我想驾着长风回到天上，又担心那月中宫殿楼宇太高承受不了寒冷。在月下翩翩起舞，清影伴着我作出各种舞姿，清冷的月宫怎比得上人间好啊。

月亮转过了红色华丽的楼阁，低低地挂在雕花的门窗上，照着没有睡意的人。它跟人不应该有什么怨恨吧，为什么总是在人们别离时又亮又圆？人间有离别的悲苦、团聚的欢欣，月亮也有阴晦晴朗、圆满残缺的变化，这些事自古以来就难以周全。但愿人们岁岁平安，虽然远隔千里，也能共同享受这明亮皎洁的月光。

赏析要点

这首词是 1076 年（宋神宗熙宁九年）中秋作者在密州时所作。这一时期，苏轼因为与当权的变法者王安石等人政见不同，自求外放，辗转在各地为官。他曾经要求调任到离胞弟苏辙较近的地方为官，以求兄弟多多聚会。到密州后，这一愿望仍无法实现。这一年的中秋，皓月当空，银辉遍地，与苏辙分别之后，转眼已七年未得团聚了。此刻，词人面对一轮明月，心潮起伏，于是乘酒兴正酣，挥笔写下了这首名篇。词人运用形象描绘手法，勾勒出一种皓月当空、亲人千里、孤高旷远的境界氛围，反衬自己遗世独立的意绪和往昔的神话传说融合一处，在月的阴晴圆缺当中，渗进浓厚的哲学意味，可以说是一首将自然和社会高度契合的感喟作品。

“明月几时有？把酒问青天。”起句奇崛异常，词人用李白“青天有月来几时，我今停杯一问之”（《把酒问月》）的诗意，用一问句把读者引入时间、空间这一带有哲理意味的广阔世界。苏轼将青天作为朋友，把酒相问，显示了豪放的性格与不凡的气魄。这个问题问得很有意思，好像是在追溯明月的起源，又好像是在惊叹造化的巧妙，我们从中可以感受到诗人对明月的赞美与向往。

“不知天上宫阙，今夕是何年。”这两句把对明月的赞美和向往之情更推进了一步。不知道天上的月宫今晚是一个什么日子，想象中那一定是个好日子，所以月亮这么圆、这么亮。

于是，诗人发出了想去看一看的想法：“我欲乘风归去，又恐琼楼玉宇，高处不胜寒。”这几句把诗人那种既向往天上又留恋人间的矛盾心理十分含蓄地写了出来，也表达了词人“出世”与“入世”的矛盾心情。“乘风归去”说明词人对世间不满，“归”字有神仙自喻的味道，好像他本来住在月宫里，只是暂住人间罢了，一“欲”一“恐”显露了词人千思万虑的思想矛盾。真可谓“奇逸之笔”。

“起舞弄清影，何似在人间。”看来诗人还是更热爱人间的生活，与其飞往高寒的月宫，还不如趁着月色，独自起舞。词人最初幻想仙境，要到月宫里去，脱离曾让他无限烦恼的人间，但是词人终究是现实的，对人生是热爱的，因此，亲手抹去了这种虚无的画景。

词的下片由中秋的圆月联想到人间的离别:“转朱阁，低绮户，照无眠。”不知不觉中已经到了深夜，月光转过朱红的楼阁，低低地穿过雕花的门窗，照着屋里失眠的人。无眠是因为不能和亲人团圆而忧伤，月圆而人却不能圆，这是多么遗憾的事啊！

于是诗人埋怨明月：“不应有恨，何事长向别时圆？”这是埋怨明月故意与人为难，给人增添忧愁,却又含蓄地表达了对于不幸分离的人们的同情。词人思想是豁达的，他需要自我解脱，所以他以质问的语气发泄佳节思亲的情感。

但紧接着，诗人又把笔锋一转：“人有悲欢离合，月有阴晴圆缺，此事古难全。”人固然有悲欢离合，月亮也有阴晴圆缺的时候，自古以来世上就难有十全十美的事情。既然如此，又何必为暂时的离别而感到忧伤呢?

“但愿人长久，千里共婵娟。”诗人在结尾处，将自己对人生的领悟再作升华，将之前所有的疑问化作了美好的祝愿！这两句并非一般的自慰和共勉，而是表现了作者处理时间、空间以及人生这样一些重大问题所持的态度，充分显示出词人精神境界的丰富博大。张九龄《望月怀远》说：“海上生明月，天涯共此时”；许浑《秋霁寄远》说：“唯应待明月，千里与君同”，苏轼就是把前人的诗意化解到自己的作品中，熔铸成对天下离人的共同美好祝愿。

全词设景清丽雄阔，如月光下广袤的清寒世界，天上、人间来回驰骋的开阔空间。将此背景与词人超越一己之喜乐哀愁的豁达胸襟、乐观情调相结合，典型地体现出苏词清雄旷达的风格。

作者掠影

苏轼（1037～1101），北宋文学家、书画家、美食家。字子瞻，号东坡居士。四川人。一生仕途坎坷，学识渊博，天资极高，诗文书画皆精。其文汪洋恣肆，明白畅达，与欧阳修并称欧苏，为“唐宋八大家”之一；诗清新豪健，善用夸张、比喻，艺术表现独具风格，与黄庭坚并称苏黄；词开豪放一派，对后世有巨大影响，与辛弃疾并称苏辛；书法擅长行书、楷书，能自创新意，用笔丰腴跌宕，有天真烂漫之趣，与黄庭坚、米芾、蔡襄并称宋四家；画学文同，论画主张神似，提倡“士人画”。著有《苏东坡全集》和《东坡乐府》等。

延伸阅读

《望月怀远》《水调歌头》比较阅读

海上生明月，天涯共此时。情人怨遥夜，竟夕起相思。

灭烛怜光满，披衣觉露滋。不堪盈手赠，还寝梦佳期。（《望月怀远》张九龄）

首先，从体裁上来说，《水调歌头·明月几时有》是词，《望月怀远》是诗。再者，二者虽然同是望月怀人，但苏轼的《水调歌头·明月几时有》以月起兴，与弟苏辙七年未见之情为基础，围绕中秋明月展开想象和思考，把人世间的悲欢离合之情纳入对宇宙人生的哲理性追寻之中，反映了作者复杂而又矛盾的思想感情，又表现出作者热爱生活与积极向上的乐观精神。词作上片反映执著人生，下片表现善处人生，落笔潇洒、舒卷自如、情与景融、境与思偕、思想深刻而境界高逸，充满哲理，是苏轼词的典范之作。

张九龄的《望月怀远》是一首月夜怀念远人的诗，是作者在离乡时，望月而思念远方亲人而写的。诗作开头紧扣题目，首句写“望月”；次句写“怀远”；接着直抒对远方亲人的思念之情；五、六句承接三、四句，具体描绘了彻夜难眠的情境；结尾两句进一步抒写了对远方亲人的一片深情。全诗语言自然浑成而不露痕迹，情意缠绵而不见感伤，意境幽静秀丽，构思巧妙、情景交融、细腻入微、感人至深。

总的来说，《水调歌头·明月几时有》由景入情再入理，表达了作者对宇宙人生的思考；张九龄的《望月怀远》这首诗应写于作者遭贬荆州长史以后，旨在表达作者对亲人的思念。

考试链接

1. 这首词中，诗人选取了____________为题材来表达自己复杂的情怀。

2. 这首词，历来被认为是中秋词里最好的一首，《苕溪渔隐丛话》说：中秋词，自东坡《水调歌头》一出，余词尽废。你认为这首词为什么会获得如此高的评价?

3. 下列对《水调歌头》赏析不正确的一项是(　　)

A.这首词上阕写词人对天上宫阙的向往和对人间生活的热爱，下阕写词人在月下对亲人的怀念和祝福，自始至终洋溢着乐观向上、积极奋进的情绪。

B. 不应有恨，何事长向别时圆？这一句，抒发思念亲人的感情，表面看来，好像是对月有怨恨之意，其实是写亲人不能团聚的惆怅。

C. 人有悲欢离合，月有阴晴圆缺，此事古难全，这句话从人到月，从古到今，对自然和社会作了高度概括，很有哲理意味。

D. 全词情景交融，意境豪放阔大，描写虚实结合，充满了丰富的想象和浪漫的情致，具有强烈的艺术感染力。

编注者：范晓华

【参考答案】

1. 中秋佳节对远方不能团聚的弟弟的怀念。
2. ①词人借与明月的对话，探讨人生的意义（抒发人生感慨），富有哲理；②诗的意境豪放而阔大；③情怀乐观而旷达；④想象丰富，富有浪漫色彩；⑤语言如行云流水。
3. A

编者的话

在悠悠几千年的历史长河里，中华古诗词是中华传统文化中最灿烂的篇章，熠熠生辉，光耀古今。古诗词不仅是中国人的精神基因，也是我们文化的筋骨，撑起了文化传承的半壁江山。为了贯彻中共中央、国务院关于加强中国传统文化传承教育的精神和教育部关于中小学语文教学中增加古诗文比重和素养的要求，我们编写了这套丛书。

编写一套适合新时代读者学习古诗词的丛书并不是一时心血来潮的冲动。我们志在发展一种新的学习载体和学习模式。我们的目标是既适合中小学生语文课后阅读拓展训练，也适合读者循序渐进的学习，既能通过纸质版阅读，也可通过移动端进行电子学习。为此，我们从学习者的生理心理发展与认知能力、学习者诗词鉴赏能力的进阶管理、语文课程标准与中高考备考要求、诗会与诗词竞赛等活动对古诗词素养的要求、在线学习与交流等多个维度上进行了立意，辅以古诗词中字音义的难度、篇幅的长短、理解难易度等方面的综合考虑，参考国际上语言类分层教学的成功模式，精心运筹，把丛书划分为十二个等级，编为十二个分册，也可以匹配基础教育的十二个年级。成书后，我们发现，这种学程进度管理和阅读分级也十分吻合王国维先生在《人间词话》中关于诗词的三个境界的宗旨。比如对词的样本的挑选，从十六字令、忆江南等小令到中调、长调，分段逐级编排。这套丛书，也是中国有规模的古诗词丛书分级阅读的首次尝试。

《中华最美古诗词 360 首》精选了 380 多首古诗词，时间跨度上起先秦下迄清末，吸取了近现代古诗词研究大家的学术成果和经典诗词选本的优点，力争把中国古典诗词领域最具代表性的作者及其经典作品选进来，重在发掘主流文化价值，畅咏家国情怀，赞美社会责任感，兼顾各种风格、诗品和类型，比如，山水田园、爱国思乡、边塞、羁旅、咏史、送别、闺怨等无所不包，从“明月松间照，清泉石上流”的山涧幽景到“忽如一夜春风来，千树万树梨花开”的边塞奇观，随着层级的递升，古诗词的内容越发丰富，一个个鲜活的诗词大家在不断走进读者的视野，一首首风格迥异的诗词，如画轴般徐徐展开。

本丛书虽然定位为一套普识性的诗词读本，但并不普通。本丛书汇聚三百多位一线名师的智慧和心血，不仅有详尽的注释、生动的古诗词今读，还有一线教师极具个性的解读、有趣的关联延伸阅读，更有为应对各类考试而准备的测试题目和部分可资参考的教学资料，高度匹配教学要求，吻合教学实际，是古诗词精读和深度学习的不二选择。

本丛书在诗词筛选与编注过程中得到了很多专家、学者的指导和帮助。中国阅读学研究会副秘书长刘立峰、《中国教师》杂志社田玉敏教授、光明日报《教育家》杂志社王俊文先生等人给予我们许多具体指导、论证和鼓励，在此我们表示衷心的谢忱；对参与本丛书编注的三百多位教师的辛苦付出与劳动表示衷心的感谢，对参与书稿审校的林新杰、尚荣荣等同志表示衷心的谢意，同时感谢刘权先生对本书的出版给予的大力支持。

把 380 多首古诗词的解读深化为 12 个读本，卷帙不小，耗时费力可想而知，疏漏和不足在所难免，诚请广大读者批评指正，并给我们提出宝贵意见和建议，以便再版时订正和优化，帮助我们不断改进和完善，不断提高本丛书的质量。延伸阅读等模块中有部分作品是教师推荐给学生的传统阅读名篇，雷同或错漏在所难免，在此深表歉意。我们与收入本书作品的作者进行了广泛联系，烦请未能联系上的作者联系我们，以便支付稿酬。

最后，需要特别指出的是，本丛书委托北京名狮教育科技公司加工制作了电子版，这也是传统出版物发展新一代电子辅助教材的有益尝试，十分符合国家关于大力发展新一代数字阅读的文件精神。购买了本丛书的读者，可以通过扫描书中的二维码在移动端免费听朗读、看诗词原文，但本书纸质版的定价中不包含电子版的制作成本支出，因此购买了纸质版的读者使用电子版时，除了听朗读、看原文及其注释免费外，阅读电子版的其他页面和模块需要另行付费，如有疑问，具体请与北京名狮教育科技公司联系。

联系方式：（010）88113200

本书编委会